甘露心華

《道之三主要》釋義

大藏寺 祈竹仁寶哲 著

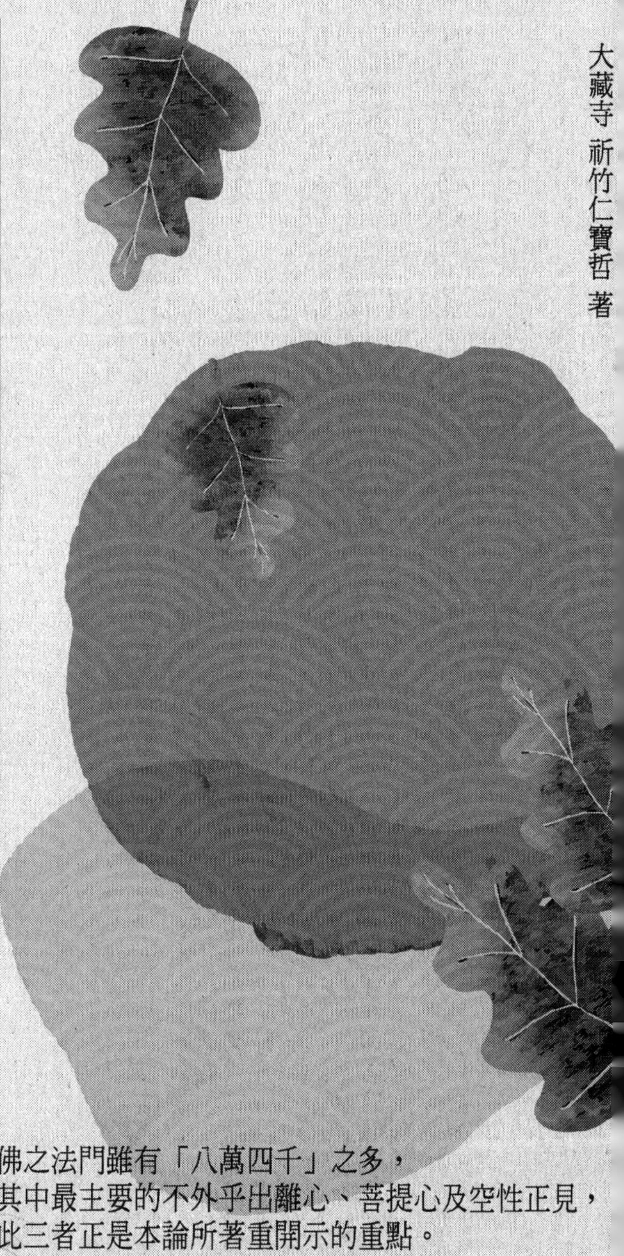

成佛之法門雖有「八萬四千」之多，
但其中最主要的不外乎出離心、菩提心及空性正見，
而此三者正是本論所著重開示的重點。

華夏出版公司本著「弘揚傳統文化，好書永世流傳」的理念，因舊版圖書年代久遠，囿於時空因素，在尚未能聯繫到原著作人並取得同意下，重新出版了這本著作，如有侵權，敬請著作權人或其親友和華夏出版公司聯繫，謝謝您。

編者的話

《道之三主要》是一部由至尊宗喀巴祖師親著的菩提道次第論著，全文只有十四偈五百多字（註：漢譯本爲三百九十九字），但卻已統攝了三藏一切佛法義理在內。

本世紀初，因爲法尊法師、太虛大師及能海法師大力推弘的關係，漢地的三寶弟子，對西藏之一代宗師宗喀巴祖師的鉅著《菩提道次第廣論》早已耳聞，近年又因台灣日常法師的廣泛弘傳，有越來越多人開始修習這部大論。《道之三主要》正是《菩提道次第廣論》的著作者依據同論之條理而作的一部極略論著，極適合研學《廣論》的人士加以修學；對未曾研習《廣論》的人來說，本論亦是一本能使行者瞭解三藏佛法之精髓的寶典。成佛之法門雖然有「八萬四千」之多，但其中的最主要者不外乎出離心、菩提心及空性正見，而此三者正是本論所著重開示的。

《甘露心華》乃依據大藏寺法台祈竹仁寶哲在一九九五年於澳洲藍山對西方僧尼所作之口述釋義開示譯成。法師開示內容直接依據《道之三主要》作釋義，並輔以歷代諸家大師之觀點，誠爲引導行者走完整個成佛之道的最佳指引。

《道之三主要》乃宗喀巴大師爲其心子雅弘竹巴所著的，而雅弘竹巴正是祈竹仁寶哲所住持之大藏寺的創建方丈。五百多年來，這座川北名刹由歷代轉世的祈竹大師與湛康大師（同爲大藏寺之法台）輪流護持。據說，由宗喀巴大師親書之《道之三主要》原稿本來存於此寺院中，後來卻在政治變動中湮沒了。此外，祈竹仁寶哲師承知眞仁寶哲（註：別譯「赤江仁寶哲」），而知眞大師又正是雅弘竹巴祖師之轉世——柏繃喀大師——之親傳心子。在歷史上，曾爲《道之三主要》作釋義開示的大師不勝枚數，被翻譯成漢文的也有好幾種版本，但因着上述的殊勝淵源，大藏寺法台祈竹仁寶哲的這本開示，可說是具有特別意義的。

目錄

《道之三主要》全文

敬禮諸至尊上師

佛陀至言心要義　是諸菩薩所讚道
欲求解脫之大路　我今隨力而宣說
於三有樂不貪著　爲暇滿義而精進
志依佛陀所喜道　具法緣者淨意聽
無出離心無息滅　希求有海樂方法
由貪有樂縛眾生　故先尋求出離心
暇滿難得壽無常　修習能除此生欲
業果不虛輪迴苦　思維能除後世欲
修已於輪迴盛事　不生剎那之希望
晝夜唯求解脫心　起時是出離心生
出離若無菩提心　所持則亦不能成
無上菩提樂因故　智者應發菩提心

四瀑流沖難阻止　業力繩索緊密繫
投入我執鐵網孔　無明大暗所蒙蔽
無邊有海生又生　常被三苦所迫害
成此境地之母等　情狀思已發大心
不具通達實際慧　雖修出離善菩提
不能斷除有根故　應勤通達緣起法
見世出世一切法　從因生果皆不虛
所執之境本無者　彼入佛陀所喜道
現相緣起不虛妄　性空不執二了解
何時見爲相違者　尚未通達佛密意
不拘一面而同時　在見緣起不虛妄
即滅實執所執境　爾時見觀察圓滿
又由現相除有邊　及由性空離無邊
了知性空現因果　不爲邊執見所奪

如此三主道扼要　吾子如實通達時

當依靜處起精進　爲究竟事速修持

上面所說乃由多聞比丘吉祥羅笙竹巴爲查柯弘布雅弘竹巴所作教誡。

《道之三主要》全論科判

《道之三主要》

- **序分**
  - 禮讚
  - 著者之發願
  - 策勵聽聞
- **正宗分**
  - 出離心
    - 出離心之重要性
    - 如何修出離心
    - 生起出離心之準則
  - 菩提心
    - 菩提心之重要性
    - 如何修菩提心
    - 生起菩提心之準則
  - 正見
    - 正見之重要性
    - 如何修持正見
    - 生起正見之準則
- **結束分**
  - 策勵聞者修持
  - 跋文

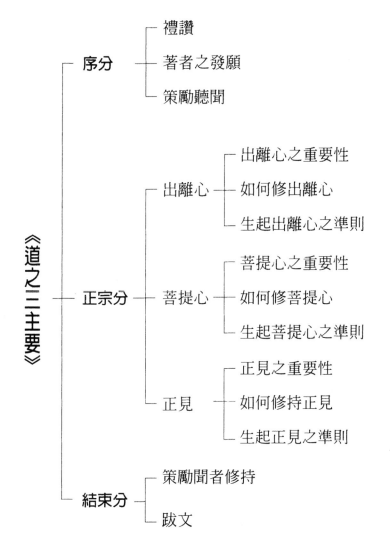

#《道之三主要》釋義

從現在開始，衲將會應求而依《道之三主要》作釋義開示。

一般來說，說法者應該具備一定的證量與德量，在戒學、定學及慧學方面都應有一定的資格。衲完全並無以上所述的資量，所以完全沒有說法的資格，但衲的恩師及歷代傳承祖師卻是如佛陀一般的，他們的開示是清淨無誤的甘露，所以衲就盡力把恩師及傳承祖師的開示爲大家重複說一遍。衲雖然才疏學淺，但先師的法語卻是完全正確的，衲的開示純爲複述先師的教誨，並不是個人有甚麼學識足以登座演說。

在正式說法前，說者及聽者應分別在心中發起清淨的說法或聽法動機。說法者必須是以聽者得益的心態去講說，而不是爲了要廣納名氣或弟子的供養；聞法者必須想着是爲求成佛而來學習成佛之道，不應是爲了趕熱鬧或好奇心而來聞法。如果上述雙方都能有正確的發心，這開示才有意義，雙方才能眞正得到利益。

在傳統上，《道之三主要》是極爲珍貴的教法及論著，因爲它是十五世紀的一代宗師——宗喀巴祖師——所親著的。這部只短短幾頁的論著，已經涵攝了整個成佛之道的心要在內，亦即出離心、菩提心及正見三者。

這部短論分爲七個部分；在序分內包括了禮讚、著者之發願及策勵聽聞三部分；在正宗分內分爲出離心、菩提心及正見這三個章題；結束分是策勵聞者在學後精進修持。此外，在全論結尾有一段跋文。

序分開示

在傳統上，佛法論著都是以禮讚句作爲起首的，《道之三主要》當然亦不例外。在禮讚句隨後的二偈，分別是著者之發願及策勵聽聞，這八句加上起首的禮讚

格律祖師宗喀巴大師—《道之三主要》之著者

句，屬於本論之序分部分。

禮讚

《道之三主要》全論之首句為禮讚句，即：

敬禮諸至尊上師

傳統上在造論之首先作禮讚，目的是為了去除著論之障礙及為求論著能圓滿著成。

宗喀巴大師在著作這部論時，以「諸至尊上師」為他禮讚的對象，這裡所說的「諸至尊上師」，泛指廣行派及深觀派之歷代傳承祖師，但亦特別暗隱指文殊師利大士，因為文殊乃宗喀巴大師能眞實親見的本尊，雙方就如世間師徒一般的關係。

「至尊上師」之藏文為 Jetsun Lama。Lama 這個字是梵文 Guru 的藏譯，La

的意思是「上」，Ma 的意思是「沒有」；故此，Lama 就是「無上」之意。甚麼人才堪稱爲「無上」、堪稱爲 Lama 呢？只有完全捨棄自利之心、眞正發起誓爲其他眾生福樂而修持的人才堪稱「無上」，所以只有眞正證悟了菩提心的人才堪稱爲 Lama。在現今，很多人習慣把西藏的僧人全稱爲 Lama，此已非此字之原意了。在嚴格定義上，只有已證菩提心者方能堪稱 Lama。

整個名詞 Jetsun Lama 也可以依《菩提道次第廣論》的三士道來釋義：Je 是指對世間俗樂沒有執戀的人，亦即已證下士道的人；Tsun 是指不再執戀輪迴福報而追求解脫的人，這是與中士道呼應的；Lama 是證悟了菩提心的人，呼應上士道的修持；整個名詞表明了堪稱「至尊上師」者必須具足三士道的證悟。故此，這裡亦表明了一位合格師長應具備之資格。

「敬禮諸至尊上師」這一句，一方面以禮讚的形式出現在論首，另一重意義是表明本論源自歷代祖師及佛陀，亦表明了論中所開示之三個主題——出離心、菩提心及正見——之證悟必須依靠如法地依止明師方能獲得。所以，《道之三主要》中的禮讚句，其實是呼應《菩提道次第廣論》中有關依止師長的全部教法，包括如何尋找明師、明師應具之師資、如何依止師長及依止師長之益處等等。

在世俗學問上，我們尙須擇明師而依止而學，何況成佛大業！在歷史上，單單靠自己看書而成佛者未曾有也，在未來也絕對不會有。本師釋迦牟尼如來在示現成佛前之過往世中，亦曾遍禮明師，甚至犧牲身命爲求一偈開示。在現在，一切爲求成就佛境的菩薩亦如法地依師而學，例如當來下生成佛的彌勒菩薩，頭頂上有座小小的佛塔，這塔表義釋迦牟尼，菩薩頂佩此塔正表義他的師承源自釋迦牟尼及表義敬師之道。在未來，我們若欲成佛或只是要得到解脫，甚至只欲得較低成就，也一樣要依止明師而學方能成功。

如果沒有師長，我們也許連佛的名字都不能聽到。正因爲一切成就乃依師而生出，所以欲修持者必須尋找合格的師長而依止學習。

正如在學習世俗學問上，我們要小心抉擇老師，在成佛之大事上，我們更加需要審愼觀察一位長輩，必須在完全肯定對方具備了經續上所述的師資後，我們才去依止。

最理想的合格師長，是具備經續中所述之所有資格的一位師長。爲甚麼我們要依止具有所有師資的明師呢？衲舉一個例子解說：如果你要往某個地方，最理想的嚮導莫過於一位熟知全程的人。其他的嚮導若只熟知整條途徑的某一段，當然對你也會有一定的幫助，但就肯定比不上一位了知全程的嚮導了。修持的人既欲步上成佛之道，亦即「菩提道」，最理想的莫過於依止一位能夠教授大、小二乘及顯、密全道的明師了。依戒律方面說，戒學的師長必須具十五種德性。依《現觀莊嚴論》所述，授共通大乘教法者須具「明師十德」。依續部教法來說，授灌頂及密法者必須具有另外十種金剛上師之師資。

故此，一位教授整個顯密二乘及大小二乘道路的師長，就必須完全具備以上共三十五種資格。但在現今末法時期，要尋得這樣的明師，恐怕是不容易的了！如果我們歸納佛陀所開示的法，不外乎是三藏佛法，而三藏之中心即戒、定、慧這三種學處。所以，如果未能尋得具足完美師資的師長，我們至少也要依止一位對上述三學處有多少證量的師長。靠自行看書或胡亂依止缺乏適合資格的人，行者就斷不能成就佛境，甚至連一般的小成就亦不能達到。

一旦在決定依止一位師長後，便要視師為佛。在《金剛手灌頂經》中說：

「應見師德行，非挑師過失；見師德行者，能得諸成就；挑師過失者，悉地不能成。」此乃佛所親說。

在尋得明師後，我們必須如法地依止，同時亦應思維依師之益處及不依之過患等。有關這些教法，大家可以參閱《菩提道次第廣論》及《掌中解脫論》等鉅著，衲在此就不多說了（註：讀者亦可參閱祈竹仁寶哲著作《心生歡喜》、《悉地本源》及《甘露法洋》等）。

在大部分的情況下，著論者一般都以觀世音等本尊作為禮讚的對象。但在《道之三主要》中，宗喀巴大師以上師為禮讚對象，這是明示讀者，出離心、菩提心及正見乃至一切佛法成就，必須依賴如法地依止明師才能生起。把對上師之禮讚放在論首，是表明依止明師乃入修持成佛之道的第一步。

著者之發願

文中的第一偈（四句）為宗喀巴大師造論之誓願：

佛陀至言心要義　是諸菩薩所讚道
欲求解脫之大路　我今隨力而宣說

「佛陀至言心要義」是指出離心、菩提心及正見三者，亦即論中的主題及成佛之道上的三個主要章目。本師釋迦如來有八萬四千法門。釋迦牟尼是賢劫的第四佛，在祂示現以前已曾有三位佛陀在人間世界開示佛法，祂們亦各有八萬四千法門。這些佛陀所開示的法門雖然如此之多，但其心要不外乎出離心、菩提心及正見三者，所以此三者之開示正是諸佛一切開示之菁華心髓，就像從如洋之多的牛奶中所提煉出的酥油。

因為三士道心要——出離心、菩提心及正見——乃諸佛所教之菁華心要，而且是以無誤及正確次第排列出來的，令欲成佛的人可以輕易通達佛授法要，故此這種教法乃「諸菩薩所讚道」。

修持的人，必須謹慎抉擇所走的修行道路。如果在一開始時走入歧途，最終絕不可能成就佛境或解脫境界，只徒然浪費了自己的一生。在世俗上，我們若欲到訪某村，尚須先行確定眼前之路是否方向正確，否則只會白走一趟。在修持上，若走錯了路，則後果更加堪虞！我們不可以爲所有修持都能引至佛境。世界上有很多稱爲「修持」的信仰及宗教，有些人甚至認爲殺生祭神是成就的方法，這些正是欲證佛境的人要避免的歧途。這些方法，只會導引我們到達三惡道，斷不可能帶我們至佛境。即使被稱爲「佛法」的眾多法門中，有一些也不見得是完全清淨的無誤之道。總之，凡是並不引至出離心、菩提心及正見者，就不會是成佛之道。上述三者，是諸佛之心要教授，故此是欲求解脫者及欲求成佛者的「大路」。

最後一句「我今隨力而宣說」有兩種傳承釋義。「我」是著論者宗喀巴大師之自稱。「隨力而宣說」是指：「我當盡自己有限的所能來講解」或「我儘管嘗試講解一下」之意，此乃宗喀巴大師自謙之詞。另一種傳承釋義是：「隨力而宣說」乃指大師盡力以最簡略的篇幅，把整個成佛之道教授圓滿的意思。

如果把全偈視爲一體的釋義，這四句是說：「諸佛所教的法門之心要菁華，是所有菩薩所稱讚及欲求解脫者的唯一道路，讓我嘗試來講說一下吧！」此乃著論者立誓發願著造此論的誓句。

如果把以上四句分開釋義，則其中亦分別表義了道之三要：究竟出離心乃一切佛法之最基本心要，所以第一句「佛陀至言心要義」是指出離心；菩提心為成佛之基及大乘佛子所必須生起的中心證悟，所以是「諸菩薩所讚道」；因為成佛或解脫都必須證空，所以空性正見乃「欲求解脫之大路」。

策勵聽聞

於三有樂不貪著　為暇滿義而精進
志依佛陀所喜道　具法緣者淨意聽

以上這四句為宗喀巴大師鼓勵讀者學習的語句。它的意思是：「如果你對輪迴中的凡俗福樂並不執戀，願意善用這個充滿十八種有暇及圓滿的身命而精進走上令佛陀歡喜的道路，你便是有法緣的人，請你好好聽着我的解說！」

「具法緣者」泛指符合上述條件的人，在狹義上卻指雅弘竹巴祖師，因為此論

格律祖師宗喀巴大師—《道之三主要》之著者

本來正是宗喀巴應他的請求而爲他著造的。雅弘竹巴祖師是川北嘉絨地區的人，後赴拉薩等地區依隨宗喀巴大師學法，成爲了大師之「早期四弟子」之一。在後來，雅弘竹巴回到了他的家鄉，發願於川北廣弘宗喀巴大師之教法，並建立了多間寺院，其中最大及最後的一座爲衲所隸屬的大藏寺。《道之三主要》是宗喀巴大師特別爲這位心子所著造的論著。

爲甚麼宗喀巴大師鼓勵「於三有樂不貪著」的人學習呢？因爲修行的人必須離棄對世俗欲樂之執戀。不論發心是欲求解脫或欲達佛果，如果未對輪迴福樂厭離，是不可能達到目標的。「三有樂」是指輪迴三界六道內的福樂，這些福樂的本質只是痛苦，並不是恆久的眞正福樂。

垃圾桶附近有許多蒼蠅。牠們是爲何而來的呢？牠們是被垃圾的氣味吸引而來的。對你我來說，垃圾的臭味是令人掩鼻的，但蒼蠅而言卻是天下美味，寧可冒險也要來享用這些發出臭氣的垃圾，牠們的一生就是這樣度過的。在佛的眼中，我們何嘗不是如此！世間上的欲樂，只不過是短暫的福報，並無實質可言，但我們卻對它窮追不捨，乃至心中生起極爲骯髒的意念及造出極骯髒的事。由這個角度去看，我們或許比蒼蠅更糟！蒼蠅所追求的只有一種執著，而且只以一種方法追求；我們卻有無窮盡的執戀，更用五花八門的卑劣手段只為達到目的。

貪欲有多個種類，但可被歸納為五根對五境之執貪，它們正是令眾生被縛於生死苦海中的五條枷鎖。我們的眼根對外在的「色」生起樂、苦及不樂不苦的感受，以致喜歡看美麗的景物及厭惡醜陋的東西。我們喜聽美妙的說話及聲音，例如各種音樂等，正如印度的蛇被弄蛇者的笛聲催眠一樣。我們亦執戀他人的讚美及厭惡他人的批評。事實上，你是美是醜，並不由他人的一句話而決定，但我們卻會因為他人說一句「你今天真美！」而樂上整天，這其實是十分無聊的。對鼻、舌及身之嗅覺、味覺及觸覺，我們一樣有執愛及厭離的反應，例如喜聞香氣、欲得美食及想穿柔軟華衣等。為着這些欲求及為了避免遇上所不欲的境物，我們便作出種種不善業，所以就周而復始的受生受死，不斷體驗着所造惡業之果報。

「於三有樂不貪著」是適合聽聞《道之三主要》的「具法緣者」之首個條件，也就是說欲證出離心、菩提心及正見的人，先要放下對世俗福樂的貪欲。

「為暇滿義而精進」是指要令寶貴的人身轉生過得有意義。為何說人身是寶貴的呢？因爲在六道輪迴中，是極難得到人間的轉生的，必須是在過往積聚無量的清淨布施及持戒功德才能獲得。我們現在的人道轉生，乃過往世不斷努力布施及持戒之結果，絕對不易得來，要再多得到一次亦是不容易的。要得到具足十八種有利於修行的「暇滿」則更加難了，所以我們必須善用這個黃金機會，因爲要想再多得到一次這些條件是幾乎不可能的了。論中的「暇滿」二字是八種「有暇」及十種「圓滿」的意思。

⊙八種「有暇」是指：

(一)不生地獄中；
(二)不生餓鬼道中；
(三)不生畜牲道中；
(四)不生天界中；
(五)不生於邊地；
(六)不生爲愚癡；
(七)不具邪見；

(八)佛已示現。

⦿十種「圓滿」爲：

(一)生爲人道；

(二)諸根具足；

(三)生於有佛法之地方；

(四)並未曾造五無間罪；

(五)具恆信念；

(六)佛已出世；

(七)佛已說法；

(八)法仍住世；

(九)仍有修持佛法者於世上；

(十)有修持之各種順緣。

以上這十八種條件，是最有利於修持佛境的，但要碰上它們卻不容易。我們在六道苦海中，因着煩惱及業力而由一惡道轉至另一惡道，雙眼尤如被無明所蓋，只偶爾一次因過往業力而遇上人身。佛法是視眾生之因緣而在不同世界偶爾示現的，要碰上亦絕不輕易，必須有很大的因緣。

要生為人身，又恰巧碰上生於有佛法之地區而得聞正法，又再具有一切修持的其他有利條件，是千載難逢之機會。佛經上有一個譬喻：在無邊的海洋上有一個小小的金環，它隨浪飄盪不定。海底有一隻盲眼海龜，牠每一百年才浮上水面一次。如果這烏龜浮上來時，恰巧把頭穿過了金環，這可能性有多大呢？這幾乎是不可能的。而同時得遇人身、得聞佛法而又有諸修持條件，其希有性與這隻盲龜恰巧碰到金環差不多。在這譬喻中，海洋表義六道生死，盲眼表義我們的無明，一百年一次浮上水面表義我們偶遇人身之希有，金環表義於各世界隨眾生因緣而偶爾才出現於世的佛法。所以，我們要知道現在我們的處境是過往辛苦經營而得的，不易再遇上，所以必須好好珍惜此「暇滿」人身，令其有意義及為我們帶來益處，否則只是白白浪費了這個難求再遇的良機。

這個暇滿人生有何用處呢？它可以為我們帶來任何世間與出世間之成就。如果你要成佛，以這個人身修持可以得成；如果你要解脫生死，也可以利用人身修持得成；如果你只想不墮三惡道，也可以依賴這個人身修得。最有意義者莫過於善用人身而修達佛境；次者，利用人身作解脫之修持亦是善用人身之定義；最低限度，我們起碼要在這寶貴而短暫的一生中作多少修持，令死亡時不生悔，也令未來生能得一些起碼的利益。如果連第三點也做不來，我們的「有暇」及「圓滿」可說是白白浪費了，就如入寶山而空手回一般。這樣的機會，不知要等多少萬劫才可以再次遇上了。「為暇滿義而精進」，是說善用此難得的人身及各種條件而精進於上述三種方面之一，例如用人生作成佛之修持等。如果得到了人身及各種「有暇」及「圓滿」，卻只把一生花在世俗的生活上，只是浪費了「暇滿」之意義。

「佛陀所喜道」是指一切佛法之道路，狹義一點說，即指一切佛法之心要——出離心、菩提心及正見。為甚麼這些是「佛陀所喜」的呢？因為諸佛乃依同一道路而達至佛果，諸菩薩依同一道路而正步向同一果境，而所有剛步上及將步上這同一條道路的眾生，最終亦必定去到同一個目的地——佛境。

此外，依卡登派耳傳開示說，眾生的心念恆常被貪、瞋、癡所充斥，其身、語、意所作皆為不善業，所以絕大部分時間是不令佛陀等欣慰的，但在眾生偶爾作少許善業時，即使只少至在半分鐘內生起了丁點的慈悲心，也令諸佛歡喜安慰。有很多人即使修持，卻偏執佛法之一小部分，例如只修禪定或只修密咒等，並不懂得重視整個道次第或《道之三主要》之修持。如果有眾生對整個成佛之道次第生信而奉行的話，是令諸佛生喜的，因為這才是正確的成佛之道。偏執一部分法門而忽略整個道路的話，是不足以成佛的，所以亦不會令諸佛生喜。行者必須致力於整個成佛之道次第，亦即致力於生起出離心、菩提心及正見，才能成佛，才能令諸佛生喜。

「淨意聽」這三個字說明學法者必須具備的態度，這些亦即《菩提道次第廣論》中所述的「三器」及「六想」。這三個字呼應《廣論》中的「如何聽聞佛法」部分。

「三器」是指學法者必須專心的聞學佛法、在意念中記着開示而不忘失及以正確的聽法態度聞學。「六想」是指要想自己是病者、佛法如妙藥、說法者為醫師、奉行所聞開示為服藥、說法者如同如來及願佛法能久住弘揚。這些是為令聞法過程能生起真正益處的態度。「淨意聽」這三個字正是開示學法的人，尤指欲學習《道之三主要》整個成佛之道次第的人，在學習時必須具備正確態度。

全偈的四句是說：「如果你願放下對世俗的執戀，欲善用這難遇的人身及修持之良機，願走上令佛陀生喜的成佛之道的話，你就具備了學習成佛之道的基本條件了。那麼，請你以利於學習吸收的正確態度來聽受成佛之道的開示吧！」

偈中四句亦可以另一種傳承釋義來解說：首句「於三有樂不貪著」是指出離心；第二句「為暇滿義而精進」乃指欲求最上佛境之菩提心；「志依佛陀所喜道」是指空性正見，因為空性正見乃諸佛之究竟教義；整個偈是說：「如果你對出離心、菩提心及正見有信心及興趣，你就是適合修持成佛之道的人，請你以利於學習吸收的正確態度來聽取成佛之道的開示吧！」

以上已為序分的三小部分作釋義，跟着下來是正宗分的開示。

正宗分開示

本論中之正宗分共有十一偈，分爲有關出離心、有關菩提心及有關正見的三個部分。

出離心開示

在這章題下，一共有三偈共十二句開示，分別爲講解出離心之重要性、如何修出離心及生起出離心之準則。

出離心之重要性

有關這個環節，宗喀巴大師寫了以下之偈句：

無出離心無息滅　希求有海樂方法

由貪有樂縛眾生　故先尋求出離心

假設你是一個獄囚，如果你沒有求獲自由的心，自然不會致力於逃獄。同樣的，如果沒有眞正的出離心，你便不會認眞修持以得解脫。大乘的修行人雖然並不以個人的解脫爲修持目標，但仍然需要證悟出離心。大乘的菩提心，必須建基於不忍見眾生於六道中受苦之圓滿悲心，但如果連自己都不對自己的苦感到厭離，就根本不可能對眾生之苦生出悲心，所以絕不可能眞的生起菩提心。所以，不論你是小乘或大乘，也不論你是要解脫或是欲求成就佛境，你都需要出離心。這裡所說的出離心，並非指單單明白出離心之意義，而是指眞正取得出離心之證悟。要明白出離心之義理，很多人都可以做到；但要證悟圓滿的出離心，則或許很多老行者都未敢自稱已達到。

所以要在此提醒一下：要修學《道之三主要》的章題或任何道次第上的章題，並非單只讀一下就完成，必須致力於禪參其內容，至心中眞的生出覺受及達到證悟之準則方止，否則只可說是明白了這部分之教法，並非得到了其證悟，因爲你的心識並未與它融合爲一。在有關出離心的第三偈，即「修已於輪迴盛事……」等四句，述示了證悟了出離心之準則。如果你一天未能達到這個準則，便不能算是眞正入了修持之門，所作之修持亦非絕對清淨。

要知道出離心的重要性，就必須先瞭解一下輪迴之苦處及解脫之利益。是甚麼令我們困於生死輪迴苦海之中呢？是業力及煩惱。我們正如一片落葉，被業力及煩惱之風吹來吹去，所以不能自主，只有無可奈何的任由風把我們從一個惡道中拋至另一個惡道，毫無自主可言。

我們亦如蜘蛛網中的小昆蟲，被緊密的蛛絲所纏住。這些「蛛絲」並非外來的，它們正是自己的貪、瞋、癡等煩惱，令我們自己把自己綁住在六道之中。如果你不能看到這一點，反而安住於六道之中，就不可能達到眞正的解脫。要得到解脫自在，雖然並不單靠出離心，但必須先靠出離心推動。如果沒有出離心，就不可能解脫生死，也不可能生菩提心，更不可能成佛而利益眾生，只會永久在六道中飄泊，而且絕大部分時間更是在三惡道中受着極大的痛苦。現在你雖生於人間，痛苦並不如三惡道中明顯，但如果你不生起出離心而致力於解脫或成佛，就像是一個暫時被容許休息一下的獄囚，自得其樂的不視囚獄為苦，等到你又被捶打行刑時，才生起要逃獄的心就太遲了。

如果要成佛，你必須先具備出離心；如果你只想解脫生死，你還是要具備出離心；如果沒有出離心，則更不能眞正受持具足戒，因為出離心乃受戒之基礎。

這一偈的四句是說：「如果沒有強烈的眞正出離心，便不可能熄滅希求輪迴中之世俗福樂的心；所有眾生正是因為對世俗福樂之貪愛，而被縛於六道之中。所以，若要得到自在或佛境，你就先要證悟出離心之覺受！」這四句是指明出離心的重要性，以令行者生出希求得到出離心的願望。在任何道次第的修持中，不同法門的修持先後正確次第是很重要的。

偈文中第四句的「先」字表明了修持之次第，如果不知或不理會修持的先後次第，是不會達到成就的。總括來說，我們應知道自己在輪迴中的處境是苦，明白解脫及成佛的益處，從而生起希求達到出離心之證悟的強烈心願。

在對出離心生起了希求之願後，我們的下一步是要致力於培養出離心。

如何修出離心

在《菩提道次第廣論》中，下士道的部分開示熄滅對今生福樂之執戀的方法，在中士道中則開示如何熄滅對未來生及整個輪迴之福樂的執戀。這兩點在《道之三主要》中，卻是以一偈之形式連在一起講授的。「暇滿難得壽無常……」四句中的首二句是呼應下士道的發心及修持，尾二句則呼應中士道的發心與修持。

暇滿難得壽無常　修習能除此生欲

如上所說，這兩句是相應《菩提道次第廣論》中的下士道，主要是教授離棄對今生欲樂之希求的方法。這兩句的意思是說：「你應禪參你所具備的八種『有暇』及十種『圓滿』，再要禪參生死無常的道理，這樣便能熄退對今生欲樂的希求了！」要認眞修行的人，必須先具備人身及「暇滿」難遇之強烈覺受及生死無常之證悟，否則所修的法必定不屬於清淨的佛法修持。這裡所說的「禪參」，不是指單單領會明白，而是指不斷於心中熟習禪思，至令其與心念融合爲一體。單單要領會其中意思，一點也不離；若要令其與心合一而念念不忘，則非恆常的練習不能成。

有關「有暇」及「圓滿」，我們剛才已說了一遍，現在說一下如何在念中禪參它們的希有難遇。

我們要在念中思維：「如果我生於地獄中，便會日夜受着不可忍受之極大痛苦，片刻不得休息。在人間，即使我只被針刺了一下，便已痛不欲生，只會念痛而把修持拋諸腦後，何況在地獄中呢！如果我生於地獄，肯定不會修持佛法，只會受着無比及無休止的痛苦。但因着過往的善因，我現在並不生在地獄中，這是何等的大幸！」大家不要只限於聽一遍這些內容。這些內容誰都懂，但卻不是大多數的人有所覺受！大家必須好好在念中禪思至生起覺受方會有用！我們大家都想成爲「上根」，大家通常都只希求修密法中之本尊觀，但事實上修觀自己是地獄道的眾生或許更有益處！如果缺乏《道之三主要》，單單觀自身為本尊及身處淨土，又有何用處呢？反過來說，如果好好仔細觀身處地獄及其他惡道中，若修至生起覺受，肯定會怕因果及三惡道，這自然會成為清淨而努力修持之原動力，而且更是極為有力的推動。

我們再要禪思：「在餓鬼道中，點滴飲食皆不能得，即使見到食物，也因一己業力而不得進食，這樣的痛苦要忍受很多劫之長時間。現在生於人間的我，即使一天不食尚且不能忍受，在飢渴時更從不會思念修持佛法。如果我生於餓鬼道中，肯定是更加不可能修持佛法的，只會日夜瘋狂的在尋找飲食品。我現在生而為人，是由於過往的善因，這是何其大幸！」大家如果禁食一兩天，便會領會飢渴之痛苦，但這與餓鬼道的痛苦是完全不能相比的。事實上，有些鬼道眾生並不是飢渴的，而且還有一些財力及神通，但一般的絕大部分餓鬼道眾生是如上述般悲慘的。

有關畜牲道，我們禪參：「畜牲連一句佛法也不明白，連最小的善行也不會作，如何會有得脫惡道的機會呢？可幸我因過往業力而並不身處畜牲道中！」

有關以上三惡道，大家不是以看另一個眾生的角度去研究，要明確在心中觀想自己當下便是在體驗牠們的處境，否則你的禪參不會有效用。

天界的眾生福樂極大，並沒有明顯的痛苦，但卻沒有修持佛法的機會，又因福樂極大而不易生出出離心及悲心等，所以其道並不利於修行。以世俗福樂的角度說，天界眾生比人間眾生更為享受；但由修持的角度看，人間遠比天界更為利於修持及成就，所以我們並不發願生於天界。大家都讀過《般若心經》，經裡面提及一位名叫「舍利子」的聖者，他是佛陀的一位大弟子。舍利子有一個俗家弟子，這弟子對佛法及對其師父舍利子是極為尊敬的。這弟子位高權重，出入都坐在大象上，但若在路上碰到他的師父，他卻會不顧儀態連跌帶滾的馬上下地頂禮，所以大家都說他的敬師及敬法態度是最上乘的。在他死後，他生於三十三天中，舍利子便以神通往天界找他，本想為他開示佛法的。但天界的欲樂實在太大了，這個弟子見到了他曾至為敬重的恩師時，只在一剎那間停止享樂，向恩師舉起一個指頭致敬，然後便又專注於正在享受的玩樂中。這樣的一個好弟子，在生於天界後卻變得如此不堪，如果是你我一輩，則更加不可能面對這些天界欲樂而仍能記得修持了。

即使若有天界眾生有少許修持的心，他們仍不易眞正精進修持，因爲他們缺乏了修持的推動力——出離心。要生出出離心，必須先見苦而生厭，但天界眾生並不見苦，所以不易生出厭離輪迴的心。在他們見到苦時，也已太遲了。由於天界轉生耗盡了福報及過往善因，絕大部分的天界眾生在命終後都直下三惡道中，久久不得生於善道。

以上乃欲界天的情況。

在無色界天中，則更加不利於修持。在眾生生於無色界天時，他們在受生時生起一念：「現在我生於無色界天中。」在福報盡時，他們又生一念：「現在我跌出無色界天了。」在此二念之間的無量劫中，他們是不起一念的住於定中的。很多外道所修的禪定，便是生於無色界天的因，僅此而已！但他們卻以爲這種禪樂定境是最高境界，以爲這就是恆久的解脫無苦之境。在達到目的後，這些外道修定者就以爲已達最究竟的境界，但在住定無量劫後，在福報用盡而離開無色界定的一剎那，他們會心生怨恨，認爲「解脫」是假的，誤以爲世上根本沒有「解脫」這一回事，然後便生於三惡道中去了。由於他們曾在無量劫中住於無念定中，更因臨轉生前的生起「解脫為假說」之邪見，他們會在無量劫中生為愚癡。

所以，生於無色界天的眾生亦無修持之機會，而且未來生多是悲慘的，更因邪見之業力而難再遇佛法。在無色界天中，偶爾會有諸佛以神通力化出天樂等，令這些眾生出定而為他們說法，除了這些特別情況外，他們就並無修持或學法之機會了。我們要心想：「可幸的，我因着過往善因之力，現在並非生於天界。」

即使生於人間，若我們生在原始的地方，則只會懂得維生，哪裡會有修學佛法的機會呢？所以我們要禪思：「可幸地我因過往的善因之力，現在並非生於邊地。」

即使生於人間，若我們有眼盲、耳聾等缺陷，則仍然是不可能修學佛法的，所以我們又參想：「可幸的我因過往善因，現在並非如此！」

有些人是天生具有邪見的，這是因為過往的不善業所致。他們不易生出對因果、三寶等的敬信心。我們參思：「可幸的我並非生為有邪見的人！」

即使具備了上述七種「有暇」，但若未值佛陀示現於世，則仍然不會遇上佛法。我們現已遇上佛法，所以才有修持之機會，所以也要思維：「能遇上佛出生於世，是何其大幸呢！」

以上爲思維禪參八種「有暇」之方法，現在講述如何思維十種「圓滿」：

如果沒有人身，我們不可能作修持，所以我們先要禪思生爲人身的可貴性。有關這一種圓滿，事實上在八種「有暇」中亦已同時含括了。

我們再想，若得人身而沒有智力，則亦不能修持，所以具有智力是十分可貴的修持條件。

即使生於人間又具有智力，但若並不生於有佛法的地方，則仍是不可能修持，所以我們要慶幸能生於有佛法之地方。所謂「有佛法的地方」，是指有四眾弟子之國土，它有一定的嚴格定義。

「五無間罪」是指殺父、殺母、殺阿羅漢、出佛身血及破和合僧，衲估計大家恐怕不至於在此生中造下這些極重罪業吧？曾自作或叫他人作五無間罪的人，是很難得到佛法上的成就的，因爲其罪業力實在太重了。我們也要禪思自己可幸未曾作五無間罪，否則就不易修持了。

如果並未對佛法生信，是不可能修持的，所以我們又要禪思自己現在對佛法生信之可幸。有關這一「圓滿」，有些論著認爲是狹義指對戒律生信，但一般而言這是指對整個三藏佛法生起信心。

第六點是要參思我們幸而生於佛已出世之時代。諸佛是恆常存在的，但因着眾生各別之因緣，佛會示現出世及入滅的情況。嚴格來說，我們並不完全具有這一種「圓滿」，但世上仍有很多明師住世，所以我們尚可說是近乎具備了「佛已出世」之「圓滿」。

第七是禪參思維遇上了佛已說法的時代之可幸。大家不要以爲所有示現的佛都會說法，這可是要看當時眾生之因緣的，但我們世界中的釋迦如來在二千多年前已說法。雖然我們未眞正遇上佛陀說法之年代，但我們有師長的開示，所以勉強也可算是具有這一種「圓滿」。

第八種「圓滿」是「法仍住世」，這是指世上仍有佛法正在弘揚。單只有佛經或有人說法，並不就是「法仍住世」的定義。必須是清淨、無變質及完整的教法及證法仍然弘揚，才可算是符合了「法仍住世」的定義。我們要思維自己遇上了這一種「圓滿」的希有及幸運，這並非指在意念中想一想而已，必須禪參至心中的確生起慶幸自己遇上了如此希有的機緣才可說是合格。

第九「圓滿」是遇世上仍有修持佛法的人之機遇，這是指仍然有人靠修持佛法而得成就之意。這些行者是我們的榜樣。如果他們能做到的事，我們必定也做得來；所以，有這些榜樣是修持的人的一個好助緣，我們要思維自己幸運的生於仍有依法修持而得成就之例子的年代。

最後，我們在念中思維：「我生於世上仍有慈心的人之年代，否則修行人就難以得到修持之助緣了，我是何等的幸運呢！」這裡所說的「慈心的人」，是指施主及任何支持我們修持的人，例如在泰國等地，俗家人每天為僧人備飯，令僧人可以專注於修持生活。如果世上沒有這些善人，修行人的日常生活就要占去一定時間了，所以施主等眾是修行人的順緣，尤其是出家人的修持順緣條件。我們要思維自己生逢世上仍有這些善人的存在之可幸性。

以上所說的八「有暇」及十「圓滿」，如果嚴格依定義去說的話，我們其實並不完全具足，但也可說是幾乎具足的。在這裡（註：法師開示時身在澳洲，當時說法之對像主要為西方僧侶），其實並不可說是「中土」（即「有佛法之地方」）。單單有幾個和尚和幾間小寺院，並不足以符合「中士」的嚴格定義。但基本上，大部分的「有暇」及「圓滿」我們仍然是具備的。在禪參時，我們必須眞的在心內深深思維這些問題，而不是單單止於明白這些內容。如果心中對「有暇」及「圓滿」並未生出珍惜難遇之覺受，單單懂得背誦它們是毫無意義的。

如果我們對「暇滿」人身的難求生出覺受，便會懂得要善用它。我們還要細思：「怎樣才能得到這些條件呢？我們必須做圓滿的布施及持戒修行，再配合極強烈的願力，才能得到這十八種條件。但這些因極不容易修成，所以我現在的有利條件並不是易得的。」如上述由其因而禪參其難得，從而生起珍惜之心。再由譬喻去細思其希有：「瞎眼的龜在一百年一次浮上海面時，恰巧碰到在無邊海洋上飄浮的金環，這是何等渺茫的機會！如果想再遇一次，是絕對不可能的！但我現在具有的修行條件，卻比這種機會更加難求！」從而培養珍惜「暇滿」人身的心。最後，還要禪思：「六道之中，生於三惡道的眾生多，生善道的少，生於人界的則更少。在人間，能遇佛法及備齊十八種條件的人是更少的。」總而言之，我們必須詳參十八種因緣之可貴之處，並由其成因難作、其本質爲希有及其希有性之譬喻，達至對其珍惜之覺受。

我們在過往生中，不知花了多少心血去製造善因，才能令我們今天得到「暇滿」人身。如果我們現在卻不善用它，就似是辛苦賺來的錢現在卻白白花費，日後若要再做生意時就沒有資本了！思維「暇滿」是對治懶散的良法。只要真的生出這種覺受，便自然不敢浪費人生於世俗的事業上，所以它是一個很有推動力量的法門。在成佛之道路上，除了先要依止明師之外，禪參「暇滿」是修持的首步。如果沒有對「暇滿」生起覺受，就沒有甚麼修持可言了。

在對「暇滿」生起覺受後，我們應進而禪參「死無常」的教法。世上的人都不喜歡談及死亡，爲甚麼修行人要念死呢？因爲它是極有力量的，能夠令行者眞正入於修行之門及推動我們修持至究竟成佛。

我們現在已知道了「暇滿」人身之難求及其益處了，所以生起了欲善用人身的願望，但卻未必會迫切急欲修持。但這個人身不是恆久的，這個美好的修持良機隨時都可以失去，誰知道自己明天是在人間還是已轉入地獄呢？如果你對「死無常」沒有生出眞的覺受，你根本不會眞眞正正念及修行；即使你念及修行，卻不會付諸實行；即使你嘗試付諸實行，卻不會有純眞的修行心；就算你也有純眞的修行心，卻不會認眞決絕的痛下苦功。再者，如果你不念及死亡，所做的事就必定是與世俗的欲求有關，在最終死亡之際，你會追悔莫及的。

反過來說，如果你能常念死亡，你自然會致力於修持，煩惱自然會消退。念死對初修的人是一種很有力的帶動，對正在修持的人是一種推動，對快要成就的人來說則是一種策勵，所以它是一個對修持始、中及後期都一樣重要的念頭。佛經中有云：「獸的足印中以象印爲最大；證悟之中以『死無常』之證悟爲最有力量！」如果你念念不忘「無常」，又怎會再拖延修持呢？如果你念念不忘「無常」，又怎會再費心於世俗瑣事呢？你只會自然精進於修持，連一秒鐘也不會放過！由此可見，念死是極有力的修持動力。有些弟子誤以爲念死是消極的，這只是一種誤見。念死不但不消極，反而是令我們積極善用生命的最佳動力！念死並非爲了令自己畏懼，而是爲了要生起痛下苦功，不再拖延的決心及恆常的修持動力。

單單知道自己最終會死亡，並不等於念死。念死是指透過禪參「死無常」而生起對它的覺受，令自己無時無刻都有如心中有一聲音在提醒：「你隨時都可能失去這個『暇滿』人身，一失去了就不可能修持，你要趕緊用功呀！時間不多了！」

怎樣生起「死無常」的覺受呢？我們必須採用「三根九支」的念死法門，以令生出「三決定」。

我們先參思第一根，即「**死亡是必定會來臨的**」。有些人或許會奇怪，這一點連三歲小孩也知道，爲甚麼還需要去禪參呢？三歲小童的確懂這個道理，但卻沒有這種覺受，所以世俗上的人都忙碌終生，彷彿自己是永生不死似的。

(一)我們先想想，不論你如何逃避，不論你身體如何健康，死神最終必定會來臨。世上的帝皇，乃至佛法上的大師，有誰能逃避死神呢？

(二)自出娘胎以來，我們其實是正在一步一步走向死期，尤如一隻被牽往屠房的山羊。時間是不會停下來的，我們的壽元現在就正在一秒一秒減少，每一呼吸都等於又向死亡邁進了一步。

(三)假設你有六十歲壽元，一生中的三分之一是孩提，並不會想及修行；中間的二十年要忙於生計及維持家庭，所以又不會有空修持；最後的二十年你已經年老，想精進修持也未必應付得來。再由另一種方法計算：一生中的三分之一用作睡眠，其餘時間還要上班、食飯、聊天及如廁，你剩下多少時間修持呢？如果比較今生及未來生，今生只是幾十年的時間，未來生卻是無窮無盡的，你想何者比較重要呢？很顯然的，我們應該暫時放下眼前幾十年之安樂，致力於所有未來世之福樂，但你卻沒有多少時間去做這樣的事！如果要先忙於世俗的事，慢慢才去修持佛法，這是不實際的。世俗的事，只要你仍有一息，就永不會休止。衲有一個徒弟已經八十歲了，他還在說：「讓我先把這最後一筆生意做完，然後我就會退休！」衲見過很多有計畫修持的人，他們都常常在說：「等我忙完這件事後就會好好修持！」這些人大多還沒有等到「忙完」的一天卻就死了！如果你眞正有心修持，就必須馬上開始，能修得多少就修多少，就像是與死神競賽鬥快一樣。

透過禪參以上的三支，我們修至生起「我遲早必面對死亡」的覺受，這不是說止於只領會其道理，必須在心中的確生起強力的震撼才有意義。

然後我們參思第二根，即「**死期是不定的**」。

(一)我們如果能夠斷定死期，尚可以計畫一下，先做好世俗的事，然後才慢慢修持。但死期卻是不定的，沒有人能預知死期。很多比你年青的人早已死了。在醫院，每天都有年青人死去，他們在昨天還是與你一樣的胸懷壯志，準備做這個做那個，今天卻已不在人世了。有些人在燒飯期間死去，連吃一頓飯的時間也沒有！有些人在床上計畫着未來的二十年，第二天卻沒有醒過來，就這樣死去了。一百個死去的人中，有多少是準備好了的？我們今天有緣坐在一起，在兩年後的今天，或許在座中有些人就已不在人世了，是你先去還是衲先去？這誰能說得準呢！

(二)利於我們繼續活着的順緣並不多，但有可能致死的因素就比比皆是。任何一種小病都可以致命，乃至外在的天災人禍，無一不能輕易取去我們的生命。

(三)我們甚至可能在碰上最微的病痛或意外時死去，或許是一口氣轉不過來就馬上命亡，因爲我們的肉身是脆弱的，就好比大海上的一個微不足道的泡沫一般。

我們常常都在想：「明天開始我會好好修行。」然後就一天復一天的拖延。事實上，我們根本不知道會先遇上「明天」還是先遇上死神，在「明天」未到以前，或許我們已遇上了死亡。透過禪參以上三支，我們會生起第二種覺受，即「我必須抓緊時間，馬上修持！」就像是你明知有人會來殺害你，但不知道殺手何時會來，你自然會抓緊時間，馬上把最重要的事盡力辦妥的道理一樣。如果能生起這種覺受，一切世俗瑣事都會變得微不足道，你自然會精進於佛法修持。

最後，我們禪參「**死時除佛法外，無一可以有助於自己**」，這是第三根。

(一)我們窮一生去聚集財產，但在死時，這些對我們有甚麼作用呢？在命終時，甚麼也帶不走。即使你現在有吃不完的穀糧，在下一生若投入餓鬼道中，還不是滴水不能得嗎？即使你成爲世上最有權富的君皇，在命終時，最大的財富及名利也幫不上忙，伴隨着你上路的只有你自己累積之業力。

(二)即使你現在有很多親友，他們亦幫不上忙。在最後關頭，你能依賴的只有你自己的修持。

(三)我們窮一生悉心照料自己的肉身，對它作最佳的保護，但在最後關頭，它是否能幫助我們呢？在命終時，連我們所最珍愛的身體也要被迫放下，上路的只有自己的心及所伴隨的業力。

我們必須致力於禪參以上三支，直至生起覺受：「我在世上的幾十年只不過如浮雲，隨時可能消散，這不過是一個中途站，還有很長的旅程在前面，我必須好好準備上路的行裝及盤纏！」

除以上的「三根九支」禪參外，我們亦可禪思死亡及中陰的細節。我們透過這樣的念死，要修至對死亡念念不忘，把它化為精進修持而不執現世欲樂之策勵。如果我們能好好念死，自然會在日常生活中得到很多開示，例如花開花落、日出日落等無一不是對我們修持的策勵，無一不是在提醒我們生死無常的道理。

念死是一種最有力的禪參。衲建議你們每天在早上至少想一想「無常」，臨睡也如此。卡當派祖師云：「早不念死，早上就浪費了；午不念死，下午就浪費了；晚不念死，晚上就浪費了；一天不念死，那一天就沒有眞正的修持可言！」

如果沒有「暇滿」及「死無常」的覺受，我們任何的修持都肯定不會是清淨的。很多人修持佛法，為的是求財、求壽、求名、求利。佛法中當然也有這些法門，但如果只修持這些，則完全談不上是依隨佛陀的道路。佛陀在位居太子時，早已擁有這一切，亦看透了這一切並無實質。作爲俗家弟子，大家至少要一邊修持出離而一邊忙於世俗上之事。作爲出家眾或欲眞正依隨佛陀足跡的人，則必須好好思及「暇滿」及「無常」，這樣才會斷除對現世欲樂之希求，眞正入於清淨的修持。只要我們一天未痛切對現世欲樂之希求執愛，就一天不可算入眞正修行之伍。

即使你天天打坐，甚至講經說法而引導成千上萬的人依止三寶，如若你仍未有「暇滿」及「死無常」的覺受，你所做的不過是世間八法而已，並非完全清淨之修持。只要你還有對現世的一絲欲求，就不可能完全眞正進入清淨修持。修持淨土的人，如果單單發願及唸佛，心中卻無對世間的出離心，就如被縛着爪的小鳥，怎麼飛也飛不到淨土。所以，「暇滿」及「死無常」之覺受是眞正的修持門檻，生起了它們才可說是眞正走上了修持之路。如果沒有這些證悟，不論作甚麼修持，亦只不過是在修持之門外徘徊張望而已。

以上所說的是對今生福樂生起出離之方法。今天在座中有幾位衲的洋弟子準備受戒剃度，所以衲亦想再談一下卡登派（註：祈竹仁寶哲之傳承爲格律派，乃卡登派之後代繼承）的十秘財開示。這十秘財對俗家人或一般的三寶弟子來說，未必能做得到。但對出家人及眞正一心修持的行者而言，它們是最有力及最殊勝的十種財富。大部分俗家人，乃至很多僧尼都未必能具備這十種秘財，但能具備者必定能成大器，所以今天大家能聽一下這些開示也是很好的。

「十秘財」是卡登派的教法，其目的是令行者捨棄現世安樂，它包括了「四依止」、「三金剛」及「出、入、得三事」。

「**四依止**」是：心極法依止、法極窮依止、窮極死依止及死極荒溝依止。

「心極法依止」是把心轉向正法，行者要思維「暇滿」及「死無常」，並想着在死時除佛法外一切並無幫助，故此而生一心依止正法的決心。

「法極窮依止」是指即使因爲修行而要淪爲乞丐，亦在所不惜。行者必須培養這樣的決心。

「窮極死依止」是指爲了修持，即使要犧牲身命亦在所不計，決斷只一心修持而不理會世間福樂。這是第二點要培養及禪修的心態。

「死極荒溝依止」是指爲了修持，即使面對死後就像荒山中的野狗死時一般無尊嚴的情況，我們仍一心修持，絕不有一絲爲其他而顧慮的心。

「**三金剛**」是：事前無牽累金剛、事後無愧悔金剛及同行智慧金剛。在這裡，「金剛」一詞乃指堅固不能摧的決心。

在我們發心放下一切而入於修持時，親友必會百般悲傷阻撓，但我們必須堅決走上修持之路，這種毅然的決心是「事前無牽累金剛」。

在我們修行時，可能會被世人視爲窮僧人或者是流浪的乞丐（註：法師指過着流浪生活的雲遊僧及瑜伽士等），甚至會百般鄙視我們，但我們都不理會世間的謾罵或譏諷，這就是「事後無愧悔金剛」。我們要想着：「我的目標是要得到成佛，並不是要得到世俗上之認同及面子。不理他們怎麼說或怎樣對我，對我來說都是沒有分別的！」

「同行智慧金剛」是指決絕厭離俗世貪樂，堅決修持之意。

「**出、入、得三事**」是指爲着修持而變得與世俗的人格格不入——「出於人群」，甚至像野狗般無衣無食——「入於狗伍」及一心捨棄俗務而爲求成佛——「得到聖位」。

在西方，很多洋僧尼連穿上僧衣在市集上走動也不敢，覺得被人以奇怪的眼光看着很不是味道。爲甚麼他們連這最基本的僧戒亦做不到呢？正因爲他們的心仍有我見，仍被世間八法所染，所以才會介意他人的奇異目光。如果具足十秘財，不要說被他人譏笑，即使爲了堅持修行及僧戒而被人打死，行者也不會動搖修持的心。在西藏及亞洲，人們都習慣見到僧尼，所以並無甚麼大問題存在。在西方，不少人對僧尼投以厭惡或奇異的目光，有很多洋僧尼就因此不敢穿着袈裟，甚至於因此而還俗。

衲在西方生活了許多年了，卻從未因他人的態度而改穿俗家人的服裝。有一次，衲去到全澳洲治安最差的地區，那裡有着很多仇視黃種人的分子，還有一批穿皮衣、半個頭剃光了、半邊頭卻似是雞冠、鼻上穿上鼻環的街頭青年，他們手拿着刀子看着衲，衲也忍不住好奇看着他們的頭，大概大家都認爲對方是奇裝異服吧！結果大家都笑起來了，最後他們中有好幾個還成爲了衲的朋友。我們修行的人，必須致力於得到十秘財，這樣才能堅決的修持佛法，不受世間八法所染污。

如果能在心中生出這十秘財，行者是遲早必能成就的。西藏有一位稱爲「密勒日巴」的大師，他正是捨棄現世福樂的一個典範。大師於年青時曾作大惡業行，他後來生起了出離心，畢生在山洞中苦修，長年吃的只是蕁蔴草，以致身體變成草綠色，最後大師得到了即身成佛之大成就。大師在快將成就時，有一位商人遇上了身泛綠色的大師，還以爲大師是鬼魔！這位商人見到大師衣不蔽體，又沒有糧食，所以對大師十分同情，但大師卻反而認爲商人才是可憐的一方！大師的生活正是「出於人群」、「入於狗伍」及「得到聖位」的寫照。

業果不虛輪迴苦　思維能除後世欲

以上二句是相應《菩提道次第廣論》中的中士道之教法。下士道主要是開示捨離今生欲樂之方法，中士道則教示捨離未來生及輪迴之方法。

這兩句的意思是「藉着思維因果業力之定律及生死輪迴之苦，行者便能培養出捨離輪迴之決心。」換句話說，在參修完「暇滿」及「死無常」後，我們必須禪參因果教法及輪迴之苦，以培養眞正的出離心。

因果教法是一個極為廣大的範疇，我們今天只能略為淺述一下而已，大家可以在日後再參閱《菩提道次第廣論》及有關四聖諦及十二因緣之教法（註：見法師著作《甘露法洋・菩提道次第釋義》一書）。

我們必須透過思維因果而令對其生信，並調整自己之身、語、意行為。思維因果可以依四種方面去參想：

（一）業力決定——此即是說有因必定有果。如果你種下了橙的種子，便會生長橙的果實，斷不可能生出一個梨。同樣的，善的業因不可能生長不善之苦果，苦的因並不可能長出福樂之果。這就是「業力決定」之意思。

如果你已種了辣椒的種子，儘管你在它的周圍種遍甜菜的種子，最後的收成仍會是辣椒，這辣椒決定不會因你另種甜菜而失卻其辣性。我們在無始以往輪迴以來，已種下不能數量之業因，即使自今晨起床以來，我們亦已種下數不清的新業因，每一個業因都終將結果，這是不能避免或改變的。每一次你生起瞋心，每一次你生起妒忌心，都是種了一個一個的苦因，它們終將結為苦果。我們當然也種了一些善因，但它們卻是寥寥可數的。在種下苦因以後，即使我們另作一些新的善因，亦不能令我們免受苦果。善因會另行令我們得受樂果，並不會改變已作之苦因，這就正如種甜菜不會改變辣椒的辣性一樣。

(二)業增長廣大——這是說業力會迅速變大，一個小小的苦因會帶來極大的苦報。如果你殺死了一隻螞蟻，又不依四力懺淨，這小小的苦因在幾十天後就變成殺害一個人之惡業力。所以，我們必須戒除乃至最微小的惡業，並要修集乃至最微不足道的善業。如果你每天都以利益眾生之心去餵半匙糖粉予螞蟻的話，這看來只是一件小事，卻可以帶來無量的善果。

(三)所未作業不會遇——在大型的戰爭中或天災人禍中，有些人卻大難不死，在不可能倖免的情況下活過來了，這是因爲他們在當時並沒有因此致死之業因。有些人把這些情形視爲「運氣」，其實這正是業力之定律：未作之業因不可能帶來業果。

(四)已作之業不失壞——不論隔了多久，不論你逃至多遠，已作之業因始終會成果，即使死亡亦不是一種逃避，你在未來生必定會受到所作之業的果報。

透過參思上述之四點及十白業、十黑業及業力輕重與先後報之教法，我們自然會對因果業力之教法生出敬信，並懂得何者應捨、何者應作等。

至於輪迴之苦，應由六道共通之苦及六道各別之苦這兩方面去禪參。

在禪參六道共通之苦時，我們應細心思維輪迴中之不定的苦、六道眾生永不能得到滿足之苦、屢屢受生之苦、屢屢受死之苦、不斷在六道中浮沉之苦及無人能對自己施助之苦（註：此爲「六苦」）。

在禪思三惡道之苦時，要對地獄道之刑苦、寒冷及酷熱之苦等、餓鬼道之饑渴痛苦及畜牲道之眾生受勞役、惶恐終日、遭人宰殺及相互噉食之種種痛苦感同身受，否則並不會對修持出離心有效用。

在禪思人間痛苦時，要逐一對生苦、死苦、老苦、病苦、求不得苦等等作深入禪參。

在禪思修羅道苦時，應細想其被妒忌心煎熬之苦、與天界眾生打仗時之恐懼及在戰爭中被重創之痛苦。

在禪思天界之苦時，分爲思維欲界天苦及色與無色界天之苦。欲界天的眾生雖然福報極大，但在福報盡時，他們能預知死亡及下生去處，所以感到極大的恐懼。由於生於天界的眾生大多盡情享受，從不作絲毫善業，福報又因受盡享樂而耗盡了，所以多會在死後生於三惡道中。我們在臨終時不知將會生於善道或惡道，尚且恐懼不安，何況預知自己肯定必將墮惡道的天界眾生呢！所以他們臨終之苦是十分大的。此外，他們又有與修羅道打仗時受傷之苦及被更有福報之其他天界眾生欺壓之苦等等。色界與無色界天並沒有以上的這些粗顯痛苦，但仍受着行苦的影響。在福報盡時，這些天中的眾生便會墮入三惡道中，而且由於其於多劫中思考分別之心識活動中斷了，於未來多生中亦多會愚癡，難以遇上或攝受佛法。

我們透過禪參六道之共苦及各別之苦處，便會明白到六道之中上至天界之頂，下至地獄最深之處皆無究竟安樂可言，只要一天還有身體，就必定仍在受苦。

生起出離心之準則

要判斷是否成就了真正的出離心，我們要依宗喀巴大師所說之準則去觀察。宗喀巴大師所說的準則是本論中以下的四句：

修已於輪迴盛事　不生剎那之希望
晝夜唯求解脫心　起時是出離心生

這四句是說：「在你以上述的方法好好禪參後，即使對六道中最大福報的享受，你也完全不生希求的心，日夜心中所要的唯解脫自在之境，這就可說是成就了出離心！」這也即是說，我們不但對惡道之苦要厭離，對最大福報的諸天界之享樂亦一樣要捨棄，甚至整個宇宙變成黃金，我們亦不屑一顧，只一心要成就解脫自在，這樣才能說是有了眞正的出離心。如果未達到這個標準，就未能說是有了出離心。偈中提及「晝夜」二字，有些人會感到疑問：「在日間有解脫心尚且可能，如何可能在夜間睡時亦有這樣的心呢？這是不可能做到的！」依一代宗師柏繃喀大師之開示，這是指尤如心中有極大憂慮的人，即使在夢中亦夢到同一件事，在夜間乍醒時亦馬上思及同一件事，此爲偈中的「晝夜唯求解脫心」之意思。

在《菩提道次第廣論》中，對這一方面之準則有另一種描述。在該論中提及一個典故：有一個小孩喜歡食青稞。在饑荒時，其母沒有青稞供小孩食用，便給他一些生蘿蔔，小孩堅拒不食，嚷着要吃青稞，母親便用蘿蔔炒給他吃，小孩仍不肯吃，母親又再改試煮蘿蔔、炸蘿蔔、煎蘿蔔和蘿蔔麵餵食，小孩仍堅決不肯吃，還說：「媽媽把食物換來換去，但騙不了我，不論你怎麼烹調，我是怎也不會吃蘿蔔的了！」

同樣的，行者對六道之樂苦，上至最高之享受，下至最慘之痛苦，都一律不感絲毫愛戀，而知其各式各樣的外表之背後本質無非爲苦，就像是小孩面對不同煮法之蘿蔔一樣，這就是生出了出離心的描述。

大家對以上所說的內容，必須眞正的禪參，以令生起覺受。單單明白它們並不足夠，必須生起覺受才有效用。有關「八有暇」、「十圓滿」、「死無常」、「八苦」、「六苦」及「因果」等，或許大家十年前早已明白，但你有這樣的覺受與證悟嗎？你的出離心能達到以上四句所說的準則嗎？由此可見，單單懂得其意思，甚至能對他人演說其內義，是不足夠的。如果你不去禪參其內容至生起證悟與覺受，縱使你能演說三藏十二部佛法，到頭來亦只是一事無成，成就絕對還比不上一個痛念生死無常而勤唸佛號的文盲老婆婆。

菩提心開示

剛才已把論中的出離心部分講完了。在未開始教授菩提心的開示前，衲要強調一下：出離心是菩提心的基礎。不論你想要得到解脫生死的境界或究竟成佛之境界，出離心都是不可或缺的。小乘的解脫與大乘的佛境雖為不同的兩個目標，但其起點都建基於出離心。

一個要出家的人，其受戒之動機必須建基於菩提心或出離心，如果實在未能生純正的出離心，最起碼要對未來生之利益看得重於世俗之福樂，將佛法看得重於非佛法俗務，並對世間福樂生出厭惡失望。否則的話，即使身穿袈裟及剃光了頭髮，亦只不過是身出家而已，並非心已出家。如果缺少了出離心，即使參加了受戒剃度儀式，亦並非眞正得戒，此乃依據傳統佛教戒律而說的定義。一個眞正的出家人，必須在外在上具出家人之威儀外表、在語言上有所改進及在心上要具有出離心。如果空有僧尼之外表，心中並無出離心而仍處於世俗人的心態層面，住在寺院中只同乞丐等待施主之供養，這樣就丟盡三寶的面子了。我們並非被逼出家做僧尼，既然自願出家的話，就理當一心修持，不再想及生計及世俗名利之事。既決心出家，就應有心理準備要捱苦頭，如果仍與世俗人一樣擔心生計，計畫着應供及爲求生計而作經懺應酬的話，與世俗的人有何分別？出家人若在社區有需要時講經或主持法會，本身是盡僧尼之責任，這並無不妥之處。但若以此作爲主要之事業及生計而放下眞正的修持，就完全失去了出家之意義了。

「菩提心」的定義是「要爲了利益眾生而欲證佛境的心願」。有些人以爲菩提心就等於慈悲心及善心，這是不正確的。菩提心的確建基於善心、悲心、慈心及出離心，但並非就等於是慈心、悲心等。爲甚麼菩提心必須建基於出離心呢？因爲悲心爲菩提心之基礎，而「悲心」是指「不忍見眾生在六道中受苦」的心。「出離心」是指不欲自己於六道中受苦而欲求脫苦的心，類似對自己之苦境而生之悲心。一個沒有出離心的人，連對自己之苦亦未得見，連自己亦不欲脫苦，如何可能會眞的生出不忍眾生受苦而欲令其脫苦的情操呢？

由此可見，沒有出離心就根本不可能生菩提心，所以也不可能成佛。有些人以為大乘行者不需修出離心，這只是他們既不懂小乘，又不懂大乘而說的廢話而已。小乘行者以欲求自在的心，致力於修出離心及能令解脫之道。大乘行者欲求佛境，所以要致力於成就出離心及菩提心，還要行菩薩道及大小二乘之共通道，才能達致圓滿佛境。

菩提心的重要性

在《道之三主要》中，再下來的三偈是有關菩提心的開示，其中之第一偈開示菩提心的重要性。

出離若無菩提心　所持則亦不能成
無上菩提樂因故　智者應發菩提心

這四偈是說：「菩提心是成就佛境的因。若只具備出離心，而還沒有菩提心，是不可能成佛的。故此，智者應致力於發展菩提心！」

在世俗上，同一個母親可以與不同男人分別生出兒子，各個小孩間之種姓、姓氏及地位各異。兒子的種姓、姓氏及地位，在世俗上是依其父之種姓、姓氏及地位而定的。在佛學中，我們常把空性之證悟喻為「佛母」，而把菩提心喻為「佛父」。為怎麼這樣作喻呢？因為聲聞、緣覺、羅漢、菩薩與佛之境界皆須經由空性之證悟而達。單具空性證悟，並不足以成為菩薩或佛陀。如果行者又具備了菩提心，則成為了菩薩，最終會證達佛境。菩提心是決定行者為大乘之準則，故此它被視為能生佛境之「父」。空性證悟則能生大小二乘不定之果境，故被喻為「母」。

欲求成佛的人，必須成就菩提心。如果沒有菩提心，即使已證空性及具大神通，亦不列入大乘行者之行列，所作之修行並不稱為「大乘佛法」，亦不成為成佛之因，而只是解脫之因。反過來說，一個已有菩提心的人，即使未有空性之證悟及任何其他成就與境界，卻已入於菩薩行列，堪受人天供養尊敬，十方三世一切諸佛皆視他為親子，而他所做的每一個最小的善因，例如布施一顆米粒予螻蟻或供上短短的一根燃香，都會自動成為成就無上佛境之因。一位具備菩提心而未有任何其他成就的人，亦比已達證空及具大成就的羅漢、聲聞等小乘聖者更為希有神聖，因為他已入於「佛子」的行列，最終將成佛而利益無量眾生。

如何修菩提心

以下的二偈，講述修證菩提心的方法。

四瀑流沖難阻止　業力繩索緊密繫
投入我執鐵網孔　無明大暗所蒙蔽
無邊有海生又生　常被三苦所迫害
成此境地之母等　情狀思已發大心

這二偈用了不少比喻法，把生、老、病、死等苦喻為「四瀑流」，「繩索」喻業力，「鐵網」喻我執，「大暗」喻無明及以「海」喻生死六道輪迴。這裡面的前七句大意是說：「一切眾生皆曾為我的母親，她們現在受着苦苦、壞苦及行苦所迫害，又因無明而被業力及我執所支使，在無可息止之生死六道中不斷輪迴，受着

阿底峽祖師

無著祖師

龍樹祖師

哲喀華祖師

生、老、病、死等苦而不息止。」

「情狀思已發大心」是說透過參想以上七句的內容，便能生起欲求引領眾生脫苦的決心，亦即「菩提心」。所以，這八偈極精要的講解了修菩提心的方法。

我們的持咒、打坐及任何修行，是否能稱為「大乘」的修持，只取決於我們是否有菩提心，而並不取決於我們的師長之宗派或我們所屬的寺院之宗派。很多人自稱為「大乘弟子」，口邊常常掛着「菩提心」，但卻不知道生出菩提心的實際方法。那麼的話，有甚麼可能會真的生出菩提心呢？要達致任何世俗上或佛法上的成就，必須先懂得其方法與道路，單單把「菩提心」掛於嘴巴上而重複自稱為「大乘」，絕對不足以生出菩提心，而無菩提心就絕不可能成佛。

在佛陀的開示中，有兩種法門教授修菩提心的正確道路，其一為「七重因果修心法」，另一為「自他交換修心法」。「七重因果修心法」由佛陀釋迦本師開示，以彌勒為主要之祖師，下傳經歷代廣行派無著、世親及金洲等祖師而至阿底峽祖師；「自他交換修心法」由佛陀傳予以文殊師利為首之深觀派祖師，經龍樹、月稱等祖師亦傳至阿底峽祖師。阿底峽祖師一人兼備了這兩支傳承，在公開的開示中，他教授「七重因果修心法」，在對親密弟子的秘密開示中，他則另授以「自他交換修心法」。至數代後，有一位祖師叫做「哲喀華」，他把這個修心法門亦公開了，並把它授予許多患痲瘋病的人。這些痲瘋弟子在修持這個法門後，痲瘋病便奇蹟似的痊癒了，所以這個法有一個奇怪的別名叫做「痲瘋者的法門」。自此，這兩支傳承輾轉傳至宗喀巴祖師，再由大師弘揚光大，到衲的恩師知眞仁寶哲（別譯「赤江仁寶哲」）的一代，由宗喀巴大師算起就是第二十代。以上爲依衲之傳承而作之傳承世系解述，在其他派別中，傳承會有異處，但最終亦必定追溯至彌勒及文殊師利這兩位祖師及本師釋迦牟尼。

以上所述這兩種法門，皆爲佛陀金口親說，其傳承至今皆爲清淨與未曾中斷過的。佛陀依不同弟子之根器，分別傳出了這兩種法門，並把傳承分別託付予彌勒及文殊師利這兩位弟子，經廣行派與深觀派歷代祖師傳至阿底峽乃至衲的恩師。這兩種法門俱能令行者生起菩提心。依靠二者中之任何一種，我們皆能生出圓滿的菩提心。二者間之分別是「自他交換修心法」較爲深妙，必須是精進的利根行者才適合修持，「七重因果修心法」則較適合一般行者修持。要成佛的人，只有這兩條道路可走，別無第三個法門可以令你成就菩提心！過去諸佛正是依這兩種方法而成就菩提心，現在的菩薩亦依同樣方法而生菩提心，如果你想成佛，也必須依同樣的這兩種方法之一才能有成。兩種方法之間，你只修一種已足以修成圓滿之菩提心了，所以衲現在只會教授「七重因果修心法」，大家好好去修就已足夠了。在未來有機會時衲才另行開示「自他交換修心法」（註：見於法師著作《甘露法洋》一書中）。

要修「七重因果修心法」，就先要修好平等心。在偈文中的「成此境地之母等」一句的複數字——「等」，即正是暗示了以平等心對待所有眾生的意思。凡夫的所謂「悲心」及「慈心」，並非眞正的慈心與悲心，而只是對自己親友的慈心與悲心，並不廣泛平等的施予一切眾生。這種的慈悲，並不足以培養出眞正的菩提心，反而只是我執的延伸概念而已。對一切眾生，凡夫把他們分為親友、仇敵及陌生人，分別對這三類關係待以執愛、瞋恨及漠視的不同態度。

要修持平等心是有方法的。我們先觀想一個陌生人，再好好觀照自己的心對他的態度。這種心態是怎樣的呢？這是一種既不關心、亦不抗拒的心態。然後我們細想：「為甚麼我對他漠不關心呢？在無始以往輪迴以來，這個人肯定曾多次對我有恩。而於過去對我施予大恩，與於今生對我施恩是無分別的！」在反覆禪思後，我們從而培養對這個人的平等心。

然後我們再觀想自己最親愛的一個人在面前，又觀察自己的內心反應。這種心態是怎樣的呢？這是一種甜蜜溫馨的親切感。然後再細想：「在數不盡的過去生中，這個人肯定曾經多次是我的仇敵，多次傷害我。在今生的短短數十年間，他只不過對我施予食物及關懷，我便視他爲天下的至親了。」在反覆思維中，我們從而訓練減低對親友的世俗執愛。

最後我們觀想一個自己最憎恨的仇人於面前，又再觀照自己的心念變化。我們會發覺，只要這個形象一在面前，我們便不期然憶起這個人對自己的傷害，不自主生出激動的瞋恨。再想想：「這個人只不過在今生中對我做了一些令我不喜歡的事，但在數不盡的前生中，他卻多次對我施恩，甚至爲了保衛我而犧牲身命，哪他到底是我的恩人呢？還是我的仇人呢？」透過反覆思維，我們從而訓練對仇人以平等心待之。

然後我們再想：「這三個人都曾是我的至親，又曾是我的仇人。即使在今生中，我的現在仇敵有不少在幾年前曾是我的好朋友。我的摯友中，在幾年前亦只不過是陌生人，如果他們對我傷害，又會變爲我的仇敵。仇敵、親友及陌生人的觀念，到底是不是堅固不變的呢？今天的摯友，明天可能變爲死敵；幾年前的敵人，現在又與我變成了好友。所以，三者與我之關係是常常在變幻的。」及「再者，他們與我一樣，都不過是在求樂及避苦而已，大家都只是困於六道中之受苦眾生。在他們的活動中，偶然做了一些我喜歡的事或我不高興的事，所以他們就分別成爲了我的至親及仇人。所以，他們並非眞正的摯友及仇人。『摯友』及『仇敵』的概念是我自己在心中產生出來的！今生中的仇人，在過去曾對我多次施恩；今生中的摯友，在過去生中曾是我的死對頭；今生中的陌生人，在過去生中亦曾是我的仇人，又曾爲我的至親。由此可見，對至親執戀是沒意思的，況且他們明天也可能成爲我的敵人；對仇人亦不須憎恨，況且他們也可能明天就變爲我的好友。」

透過上述練習，我們便會產生平等心，不會再過度執戀、漠視及憎恨。這種平等心，並不是平等漠視的心態，而是一種明知關係是在變幻而並不恆久及堅固之心態。這種心態是我們培養平等的慈悲心之基礎。大家不要以爲修平等心很容易，這是需要下苦功禪參幾個月乃至幾年才能圓滿達到的境界。

在有了平等心之境界後，我們才有資格修「七重因果修心法」。這種修心法門，爲何稱爲「七重因果」呢？因爲前三個修持章題——「知母」、「念恩」及「報恩」爲「慈心」之因；「慈心」爲修持這三者之果，但卻又是「大悲」之因，「大悲」又是「增上意樂」之因，「菩提心」是最後達到的果境。我們先依次修參「知母」、「念恩」及「報恩」，便能成就「慈心」；依靠「慈心」的證悟，我們再修「大悲」及「增上意樂」，最終便能證得「菩提心」。所以，這七個項目是有因果關係的，前六者爲因，最後者爲果。

在「七重因果修心法」中，最先要修的是「知母」。在偈文中「成此境地之母等」一句中的「母」字，正是指修習「知母」。「知母」的意思是要培養視一切有情眾生爲自己母親。我們的心識自無始以來已不斷在六道中輪迴，所以我們的過去生是不可計算之多的。眾生之數目固然亦是不能計算之多，但卻總有一定數量。在無始以往之每一生中，我們都會有一個母親，即使生於畜牲道中，我們亦有母親。故此，每一位眾生都曾經是我們的親母，而且並不只一次兩次而已。我們要不斷反覆禪思上述的內容，從而生出「知母」。這是一個不容易成就的環節，並非一朝一夕就能接受這個概念，但如缺少了它的證悟，下一個章題——「念恩」是不可能修成的，所以大家必須精進及有耐性去修這一點。

修成「知母」後，下一步便要修「念恩」。以今生的母親爲例，她懷胎十月，期間天天嘔吐，行動不便，最後冒着生命危險及經歷人生中的最大痛苦才把你生出來。在你出生時，樣子像皺皮的怪物，她卻如獲至寶，不眠不休把你撫養成人。想想看：如果在嬰兒期時母親不理會你，你早已死去。人的排泄都是骯髒及臭氣薰天，但母親卻不計較，天天爲你以手抹去排泄物，恐怕最柔軟的布也會把你擦傷似的。自你出生以後，母親就再不能好好睡覺，甚至完全失去玩樂及獨立活動的自由。

想想看，十多年要長期不眠不休守護一個孩童需要多大的耐性及犧牲？自你出生以後，你的痛苦變成了母親的心痛，你的快樂才能爲她帶來少許欣慰。即使在你成人以後，母親仍然把你視作最重要的人，甚於對她自己的重視。歷史上，有很多母親爲了保護自己的兒女，心甘情願犧牲了寶貴的性命，又有很多母親爲了養育兒女，甘願去做最低賤的工作。有些人會說：「我的母親並沒有對我這麼好，所以談不上有甚麼恩德！」但即使你母親因某些原因沒有善待你，她仍然冒了生命危險把你生了下來，現在你碰上了佛法，幸而有可能成佛，這都是母親把你生下來之恩德所賜的。

衲喜歡看動物生態紀錄電視節目，在這些節目中，我們可以見到即使最凶猛的野獸，對自己的兒女亦是呵護備至的。在一套影片中，有一隻母狼死命纏着敵獸，身上遍體鱗傷也不肯逃走，只爲了拖延敵獸而讓小狼逃生，最後她死了，死前仍遠望逃至很遠的小狼。在幾年前，電視新聞中播出一隻母貓五度衝入火場救出小貓的片斷。由此可見，不論是在人道中還是在其他道中，母親之恩德是很大的。事實上，父母是我們的最大福田。

每一位眾生都曾爲我們的母親。在過去的轉生中，她們對我們的大恩大德就如同我們今生的慈母一樣。如果有一個人在去年救了你一命，他對你的恩並不會因爲事情已過去而變得小了。同樣的，在過去生對我們有恩的母親，恩德與我們今生之慈母無異。我們要觀想面前敵人、親友及陌生人，都曾對我們有如母之大恩。我們現在雖不能記得過去生的情況，但他們對我們的恩德仍然成立。在日常生活中，每當有人對我們橫蠻無理乃至無故傷害時，我們應思維：「他是我的母親！現在他受貪、瞋、癡三毒所迷瘋。我應對他更加憐惜，絕不可加以報復！」

我們應好好思維以上的內容，這就是「念恩」的意思，亦即「念思一切眾生對我們之如母大恩」如前所說，這一點並非單只明瞭即足，必須思維至的確生起覺受才算達到標準。

第三是要修「報恩」。我們要在心中反覆思維：「單單知道母親眾生對我有恩是不足夠的，我必須回報她們的大恩！」所有眾生，如同論中偈文所說，被生、老、病、死及行苦、苦苦與壞苦所折磨，被我執及業力所縛，又被無明所蒙蔽，不斷於苦海中沉淪而不得出脫，我們要思維：「怎樣才能對她們施以最有利益的幫助呢？我必須徹底對她們報恩，解決她們的痛苦困境，否則我就是一個不顧大恩母親受苦之可恥的人！」

第四點是「慈心」（註：《菩提道次第廣論》中稱爲「悅意慈」），這不是禪修的章題，而是由修習前三點的必然成果。透過修持「知母」、「念恩」及「報恩」，我們自然會在心中生出「但願一切如母眾生可以得到快樂」之眞切心願，這就是「慈心」。龍樹祖師曾說：「具備了這種心的人，即使沒有任何其他的成就，其功德已是不可思議的！人與天神、毒藥及任何武器皆不能傷一個有慈心者的分毫！」

在有了「慈心」爲基礎時，我們才可再進一步而修「大悲」。如果沒有「慈心」，不可能培養出眞正的「大悲」。

怎麼修習「大悲」呢？我們先觀想日常見到的例子，例如想着一隻被送去屠場的牛，牠被送往屠場時是充滿恐懼的，然後牠被殘忍對待，在尚有知覺時肚腸已被取出，甚至生剝皮革，最後被切成一塊一塊，成爲人的桌上美食。衲亦聽聞過很多活醉蝦、生炸魚甚至食猴子腦的細節，這些都是修悲心時可以採用的實例。我們要細想牠們之痛苦及殘忍的情景，同時要想：「牠是我的母親！」這樣就可生出初步之悲心。然後，我們再觀想如母眾生在其他道中的痛苦，例如在地獄中之苦等，但並非單只想這些情節，更要想着：「這個就是我的親母！」如此地修習至生起「但願一切眾生永離痛苦」的「大悲」。

有些人以爲小乘聖者並無悲心，這是不正確的，他們亦有願眾生脫苦之悲心，但卻並無進一步自願承擔這個令眾生脫苦之心，而大乘行者則必須培養這種有承擔性的悲心。

第六是修「增上意樂」，亦即利他之心。我們在心中培養決心，要反覆思維：「由我來承擔令眾生脫苦得樂之大任吧！這正是我的必然責任！」這一點與「報恩」並不相同，「報恩」僅指有此願心，「增上意樂」是進一步直下承擔大業。

最後，我們便會自然想到：「怎樣才能令一切眾生脫苦得樂呢？我既無能力供養一切眾生，亦無能力令他們任何一位得到永恆的福樂，所以我必須成就佛境，以圓滿之智慧及能力來救度如母眾生！」這就是成就了「菩提心」。

在生起了菩提心後，行者才正式入於大乘之道，成爲了一個「佛子」或菩薩，同時亦入於大乘五道中之資糧道上。佛經常說成佛需要三大劫之修持，這三大劫正是從生起菩提心的一剎那起計算的。如果在證悟菩提心前未有空性之證悟，行者此時尚是凡夫菩薩，並未能自主生死。在後來證空時，行者即時入於大乘五道上之見道，成爲了一位聖菩薩。

很多人以爲空性最難證悟，其實出離心及菩提心才是難得之成就。很多人依着少許出離心，便達至見證空性之境界，但卻未有菩提心。如果沒有出離心及菩提心，不要說難以成佛，就說善持僧戒亦未必能圓滿辦到。

大家勿以爲只有氣脈修持、禪定或持密法方爲殊勝，其實菩提心才是最勝、最上的修持！

以上已說完修菩提心的一種方法，另一種修心法（註：即「自他交換修心法」）就不講了。只要大家依以上之方法修持，已足以成就圓滿的菩提心。大家不要小看剛才所說的修心法門，要達到生起菩提心的準則，必須依以上方法或「自他交換修心法」，入於深山茅蓬或山洞中隱修好幾年，才能達到成就。

菩提心又分爲「行心」與「願心」兩種性質，亦可分爲「船夫心」、「牧者心」及「皇者心」三種類別，此外更有二十二種修心開示，這些大家可以在日後自行再深入學習。

生起菩提心之準則

修菩提心的成功準則是其麼呢？這一點在《道之三主要》中雖未有明顯列出，但卻隱於出離心之成功準則之中。如果你的心日夜都在迫切的要消除一切眾生之苦，在你心中再無對世間欲樂之希求心，只是一心的希望成佛而救度眾生，對眾生之苦尤如不忍見自己之親子受苦一般，連一刻都不能忍受，乃至在夢中乍醒亦馬上思及眾生之苦及成佛之願，這就是成就了菩提心。

在生起菩提心後，我們所作的任何善業乃至世俗普通之事亦可轉為大乘之修持。在供燈時，我們可以想：「願一切眾生得見光明，除去無明！」在飲食時，可以想：「願一切眾生豐足，永不捱餓！」在沐浴時，可以想：「願我能洗滌眾生之煩惱！」在打掃時，可以想：「願我能掃除眾生心中之惡念！」在生病時，可以想：「由我來承擔眾生之痛苦吧！願我的福樂都能給予他們！」如是者，我們的舉手投足都成為大乘之修持。我們亦要學習及實行菩薩道上之「六度」及「四攝」法門，這些在日後有機會時再談吧！

正見開示

現在已完成講述《道之三主要》中正宗分之前兩點，三個主題只剩下空性的正見部分未談，現在馬上開始講授。這一部分亦分爲三支來開示，即正見之重要性、如何修正見及生起正見之準則。「正見」在這裡是指空性之正見及證悟。

正見的重要性

論中以下的四句，開示正見之重要性：

不具通達實際慧　雖修出離善菩提
不能斷除有根故　應勤通達緣起法

這以上的四句，開示了我們必須修證正見的原因，亦即開示正見之重要性。這四句的意思是：「如果你未證悟空性之智慧，即使已證得出離心及菩提心，你仍未能斷除生死輪迴之根。所以，你必須精進於修持緣起性空之法義！」換言之，雖然出離心及菩提心之證悟十分殊勝，但單靠它們仍不足以令行者成佛或解脫。一個未證空的人，仍然會住於六道苦海中，亦仍然會不斷積造新的業因。這樣的人，雖可以冀望再得人身及得遇正法，但卻未能完全斷離六道之苦。

現今有不少人迷於神通之事，妄想修成大神通。即使你成就了最奇妙的神通變化，到頭來亦不能脫苦得樂，在死時亦幫不到自己！我們即使不修神通，在人死後之中陰階段，亦自然會擁有神通變化之能力，例如可以穿牆過壁；但在離開中陰而進入下一次轉生時，我們又會失去這些神通能力，又再不由自主的繼續生死、繼續造不善業及繼續有種種煩惱。由此可見，神通對我們之究竟生死大事是毫無用處的，只有空性之正見方能有助於我們脫苦或成佛。

如果你已證達空性，就可以自主生死，於死亡時不經中陰而自主未來生之去處。這樣的行者，即使不離開六道，其轉生亦乃自己之選擇，非因煩惱及業力而迫使於某處投生。一旦對空性有了初步及表面化之體驗時，行者就入於大乘五道中之加行道的第三境界，從此就能自主，已不會因業力牽引而墮於三惡道中。我們常常以「喇嘛」一詞專稱法師，但若依傳統定義來說，要稱得上爲「喇嘛」，其慧境就至少要達到這種境界。

我們被縛於六道輪迴之中，歸根究柢的枷鎖是我執。如果沒有能斷我執之空性慧，絕不可能得到解脫自在之果。對大乘行者來說，成佛必須成就佛之色身與法身。色身乃依積集功德資糧而成；法身則依靠智慧之圓滿而證得，所以空性慧對欲成佛境者亦是不可或缺的。所以，如果不修空性慧，單具出離心與菩提心而欲解脫或成佛，只會淪爲空談，並沒有掌握實際能令得脫或令得佛境之方法。

如果未有空性之證悟，小乘行者頂多只能修至小乘五道之加行道，大乘行者頂多只能修至大乘加行道，不可能再前進至小乘所求之解脫或大乘行者希求之佛境，因爲單靠出離心或菩提心不足以斷除輪迴之根。空性之證悟就似是一把慧劍，把輪迴之根——我執——連根斷除。大家若自以爲今生中不可能證空，亦不要氣餒，仍應該盡力量去禪參空性，並天天發願於下一生能得人身、得遇明師及正法，並能於下一生中證悟正見。我們現在得了人身，又遇上了空性、菩提心及出離心等教法，這是十分殊勝之機遇，可說是已抓上了成佛之路的尾端。如果我們在今生中不能成就對生死自主之能力，又沒有祈願力的話，在下一生就可能墮入三惡道中，萬劫不能再遇正法，又或可能生於不利於修持之家庭中，從此退心，今生所得就等於白白浪費了。所以，我們應多發願於來生至少能生在利於修持之地，得遇明師正法，得以繼續走在今生中已走了一段的成佛之道，直至達到目的地爲止。

衲的恩師常常對年青的僧人以譬喻說：「我們已花了很多心血及適逢眾多因緣，才爬上『半山』。現在我們必須一鼓作氣的『搶峰』，即使不成功的話，至少也要用盡辦法逗留在現在高度，否則一旦掉下至『山腳』，一切心血及機遇就浪費了，一切又要重頭再來，成功的機會就更渺茫了！」

在上述偈文中的最後一句「應勤通達緣起法」，著論者宗喀巴祖師採用了「緣起法」這個字眼，而不說「應勤通達空性法」，這是有特殊意義的。在千千萬萬的智者中，能通達佛說之了義——緣起性空之中觀應成派正見——之大師不多。在這一句中，宗喀巴大師教示我們必須精進於達證由龍樹等大師倡揚之最勝空性見——中觀應成派之見，而非其他不究竟的空性見，例如誤以爲「空」是指「一切並不存在」之邪見等。

如何修持正見

以下之四句，爲正見之定義：

見世出世一切法　從因生果皆不虛
所執之境本無者　彼入佛陀所喜道

我們在輪迴之中無奈的受生受死，歸根究柢的原因是源於無明的我執，亦即對「我」這個概念的誤解。只要成就了得見「我」之眞正的客觀存在方式之眞正智慧，便是直接對治了缺少智慧的無明，所以便能解脫自在了。

有關萬事萬物的眞正存在方式，我們依兩個範圍去禪參，即參悟「我」及「法」的空性。在這裡，「法」是指一切現象，包括以眼能視、以耳能聽、以鼻能嗅、以舌能味、以身能感觸及心內之感受等。要成就正見之證悟，便是參透「我」的眞正存在方式及任何其他事物與現象之眞正存在方式。

我們先談「我」之存在方式。在一般的理解中，「我」是一個十分實在個體，有着自己的自性，十分獨立的存在。所以，在一般的見解及我們日常的一貫概念中，這個「我」是有自性的。要參「我」之空性，首先必須確立這個「我」是甚麼，這是禪參空性最難之處。我們必須先爲這個「我」作出定義，才能進而禪參它的本質及存在方式。

在平常用心去觀察時，這個「我」好像藏了起來。但如果有人向你說：「你是一個不折不扣的賤人！」在你的心中馬上會生出強烈的憤怒，你馬上會想：「你怎麼可以這樣侮辱『我』！」這個「我」馬上就出現了。或者你在夢中見到自己要掉下懸崖了，你會馬上心念：「糟了！『我』快要掉下去了！」這個「我」又馬上顯現出來了。這個「我」的概念及實質，正是我們要參思的對象。在平時，它是藏頭露尾的；但在你激動時，「我」便馬上呈現。即使在睡夢中，這個「我」仍常隨着你的心。

在你生氣時、快樂時、憂傷時及激動的時候，你必須馬上觀察這個「我」，因爲這個「我」之概念在這些時候是最實在而強烈的。在這時候，這個「我」好像是實實在在存在的一個獨立個體，它的存在及其獨立之自性好像是十分實在的。

在認定了我們將研究的對象後，亦即認定在心中的「我」之實在概念後，我們進一步分析其存在方式的一切可能性。我們在心中思考：「如果這個『我』是實有的話，它是以甚麼方式存在的呢？」在經過不斷分析及以邏輯篩證後，我們會發現兩個可能性：如果「我」的確存在，它一就是存在於身體及思想之中，一就是存在於肉體及思想以外。除此兩種可能性外，「我」別無可能以第三種方式而存在。有關這一點，我們必須仔細分析，至心中完全確定以上所說為止。

在確立了上述假設後，我們要嘗試找出這個「我」到底在哪裡。大家必須在心中禪參：「這個『我』是身體嗎？如果是的話，它在哪一部分呢？在頭裡？在胸裡？在手裡？」我們不斷深入分析後，會發現在身體的任何一部分中，都找不着這個「我」。身體的每一部分都不是「我」，哪它會不會是身體所有部分的總和呢？這也是不能成立的。我們舉一個例子：假設這裡有幾頭動物，而你要找出「一群羊」，如果全部動物都只是牛而不是羊時，它們的總和亦不可能是「一群羊」。這也就是說，如果在這動物中沒有一頭是羊，整群動物之組合不可能是「一群羊」。由此可推論，一個由「不是『我』」的部分而組成的東西，亦不可能是「我」。大家在身體各部分中既找不到「我」，由這所有部分組成的總和亦斷然不可能是「我」。所以，「我」既不存在於身體的某部分中，「我」亦非身體之整體組合。

那「我」會不會是存在於心念之中呢？這亦是不成立的。思想及知覺分為眼識、耳識、鼻識等許多部分。如果說「我」就是思想知覺，就等於說有許多個「我」存在了，這是一個不能成立的理論。另者，我們若在心中抽絲剝繭篩證，亦會發現即使在各種思想知覺中並不能尋得一個實在而具體的「我」。既然「我」非肉體，「我」又非在思想知覺之中，身心的總和也就不可能是「我」了，因爲把兩個「不是『我』」的元素加起來不可能變成一個「我」。

對以上的內容，大家必須在自己心中辯論，經過恆久的分析，才能達至正確的理解及結論。依以上所說的次第，我們便能否定「我」即爲肉體及思想之可能性，只剩下『「我」存在於肉體及思想以外』的第二可能性了。現在我們來分析這第二種可能性之成立與否：

如果「我」存在於肉體及思想之外，爲其麼我們會感受到「我」很餓呢？如果這個「我」並不是肉體及思想，在他人批評你：「你長得眞醜！」時，你爲甚麼會發怒呢？由此可見，「我」亦不可能離開肉體及思想而獨立存在，所以第二個可能性亦不能成立。

剛才已經講了，如果「我」是眞正具體獨立存在的話，它的存在方式只有兩種可能性，但這兩種可能性卻都不能成立。大家不可只限於聽一聽這裡所說的開示，必須自己好好在禪思中對上述內容逐一分析，才能達至結論。在恆久的尋找及分析後，我們會斷論這個好像具體存在的「我」，其實是找不到的。在這時候，我們就初步明白到「我」是並無自性的。這種結論並不易達到，如果透過辯論，我們比較容易達到這個結論。

「我」雖然無自性，卻並非不存在。佛法在說「我空」的時候，是指「我」並無自性，即並非如我們一貫的想法獨立而具體地存在，但卻並不是指「我」不存在，這一點絕對不能不弄清楚，否則就會落入誤以為一切皆無的斷見。「空」只是說萬事萬物並無自性，而並不是它們不存在！在修持的路上，如果誤入了以為一切皆不存在的斷見中，是一種後果嚴重的歧途，大家要切記小心。

既然「我」並無自性，但卻又非不存在，它的眞正存在方式是怎樣的呢？它只不過是緣起及安名二者而已。「我」並非是一個有自性的實體，它只是各種因緣及四大之組合，再加上我們心中投射的一個名字，除此之外別無所有。衲現在舉一個例子：大家稱呼衲為「方丈」，這個「方丈」似乎十分具體存在，大家見到衲時會說：「方丈來了！」在衲生病時，大家會說：「方丈病了！」可見這個「方丈」肯定是存在的。在衲未成爲「方丈」前，衲的肉體仍然一樣，沒多沒少，但卻不是「方丈」。在昇座前，衲並非「方丈」；在昇座後，衲成爲了「方丈」，「方丈」突然就出現了。然而，在昇座之前後，衲卻是同一個肉體。

由此可見，「方丈」的存在並無一個獨立的體性，它只不過是經過立名的過程才得以出現。然而，「方丈」並不只是立名，即使有立名的過程，但沒有可依安立的基礎——衲的這個身體，「方丈」仍然不可以出現。故此，「方丈」之存在，是依附於一個由因緣組成之基礎，再加以立名，才得以出現及存在。沒有堪以立名的基礎，便不可能有「方丈」；沒有立名的過程，即使衲有一位方丈應有的資格，「方丈」仍然不可能出現。在既有基礎上，又經過立名之過程後，「方丈」便存在了，大家會視衲爲「方丈」，衲亦自視爲「方丈」，這個「方丈」才會顯得是具體存在的人物。「我」絕非不存在，但其存在方式並非具體而獨立，它的存在方式只不過是緣起組合及立名而已。

在緣起及立名以外，「我」並不可能獨立存在。只有在具備此二種條件時，

「我」才顯現爲有。所以，這個「我」是並無自性，唯依緣起及立名而顯現的。以上所講的，是依「我」而作之講述。有關萬事萬物（註：即「法」）之眞正存在方式，大家亦可依同樣的方式辯證，先確定要研究的對象，第二步是分析其存在方式之一切可能性，第三是破除其自性與各種存在方式爲相等之假設，最後破除其自性乃與各種存在方式爲相異之假設，這四個步驟辯證法稱爲「四扼要觀察」，在《菩提道次第廣論》中有十分詳細的解釋教授。

我們現在以國會大樓爲研究對象，去參思它的空性。這座國會大樓，在大家的心中是十分實在的，有着其自性及鮮明的身分。但如果它不被用作國會辦公室，而用爲商業大廈用途，「國會大樓」就不存在了。所以，這個「國會大樓」並無自性，只依附能堪立名之緣起基礎——一座房子——及立名之過程而存在，否則就不能顯現。這就是「國會大樓」之無自性的特徵了。「國會大樓」並非不存在，它的確有一座房子，而且能發揮「國會大樓」的應有功能；但它卻非獨立自存，而是依附緣起及安名而得以存在的。

修持空性見的人，必須禪參以上所說的法義，至生起「空」的覺受時，便以

「止」把心念停留於這種體驗中，如此止觀雙運，漸次把心識與空性體驗契合，漸次登入大乘五道至無學道，便成就了無上佛境。如果是小乘的行者，則以出離心、持戒、禪定力等基礎，以止觀雙運的方法修證空性正見，漸次登入小乘五道，最終達至解脫自在之境地。這便是偈中尾句「彼入佛陀所喜道」的意思了。

在日常生活中，禪修者要常常於心中想：「這萬事萬物，乃至我自己，無非緣起而已，並無眞的自性！」視一切爲虛幻而無自性，這樣做有利於脫離我執及對事物與現像之執著。衲雖非證空聖者，但卻常常想及空性。在衲的大半生中，經歷過不少苦難及變幻，但只要略參萬事萬物及自我之空性，這一切苦難便能看透放下，心便不會被這些苦難所影響了。我們並無能力改變眼前的困境，但卻可以選擇怎樣去面對它們！

生起正見之準則

現相緣起不虛妄　性空不執二了解
何時見爲相違者　尚未通達佛密意
不拘一面而同時　在見緣起不虛妄
即滅實執所執境　爾時見觀察圓滿
又由現相除有邊　及由性空離無邊
了知性空現因果　不爲邊執見所奪

這三偈是有關正見之準則。

緣起是「我」及「法」之現相，它們的本質是無自性的。此二者是一體的兩面，並非兩碼子事。一切事物，並非不存在，卻是無自性的，只存在於立名及緣起之上。

如果只能見到事物或現象之緣起一面，或只見到它們的性空之一面，而並未能體悟到二者乃相輔相承之一體的兩面的話，就未能說是達到了正見。有些人說「一切皆無」，這是一種斷見。如果一切都不存在，因果、業力及三寶也不存在了，哪爲何要修持呢？也有人說禪思空性就是「甚麼都不想，如此便會見空成佛。」如果這是對的話，石頭老早就成佛了！這也是一種大邪見。所以，修空性正見亦必須一定的根器及依循正確的路向，否則很易走入邪途，就此斷送了慧命。視因果、業力及三寶等爲不存在，正是一種邪見，後果十分可怕！

到了能直接體驗空性，同時見到「我」及「法」之一體兩面——現相爲緣起，本質並無自性——的時候，便不會再視緣起現相及性空本質爲對立的兩回事，這時便圓滿達到了龍樹祖師及宗喀巴祖師所提倡弘揚的中觀應成派成見了，亦即通達了佛陀之究竟了義教法，也就是《般若心經》所述的「色即是空，空即是色」之教法。要到達這種證悟，絕不可能只靠理解空性而成，必須止觀雙運而契入其中妙義，於體驗中直接證空方能修成。

在中觀應成派以外的派別中，只能以觀察現相緣起而破除「一切皆無」之斷見，及以觀察空性而破除「一切實有」之常見。在中觀應成派中，卻更能以現相視爲緣起而無自性而破除常見，又能以「性空爲『自性無』而非『究竟無』」之見解而除斷見，這是此派之殊勝不共見解。這種殊勝見解，可以防止其他宗派中名爲破除二邊見而實際上卻落入二邊見之陷阱，令行者得見在無自性之基礎上，因果等規律之運作不昧，二者不但不矛盾，反而是相互印證的。

我們透過修悟空性，便能體悟到一切事物及自己的眞正存在方式，所以便能斷去我執及法執，以空性智去除無明，最終達到解脫或佛境。

現在衲已先後完成了對出離心、菩提心及正見之釋義。這三者雖然必須分開來解釋，但在修持時必須三者配合而修，例如修出離心時亦以大乘之精神去修持，修證空性時亦必須以出離心及菩提心來配合。

結束分開示

此論之結束分包括了策勵聞者修持及跋文這兩部分。

策勵聞者修持

論的最後一偈爲策勵聞者修持的語句：

如此三主道扼要　吾子如實通達時
當依靜處起精進　爲究竟事速修持

這是說：「我的兒子呀！在聽聞了有關成佛之道的三部分開示——出離心、菩提心及正見各別的重要性、其修持方法及成功準則也把它們在心中弄清楚後，你便應找一個清靜的地方好好禪修，為成佛事業而精進修持！」

修行的事必須經過「聞、思、修」這三次第來進行。「聞」是指正確學習，「思」是指在心中理解吸收，「修」是指禪參以令所聞教法與自己心念結合為一體。以上之四句提醒學者勿只懂聞學，而不作「思」與「修」的階段。衲認識不少世俗心態的佛學研究者，他們對所有教法都說得頭頭是道，甚至著書立說，但卻從不作佛法上之「思」與「修」，所以並沒有任何覺受與證悟。這樣的人，即使通曉一切三藏之文義，最終亦一事無成，因為他們根本不能說是已入於修持者之列。反過來說，一個已真正生起對三寶之依止心的人，即使他是一個文盲或無任何佛學知識，亦仍會有一定的成就，因為他已具備了真正的皈依覺受了。

有關實修《道之三士要》論中教義的方法，大家可依《菩提道次第廣論》中所述「六加行法」而進行（註：亦可參閱法師著作《甘露法洋‧菩提道次第開示》及《甘露珠鬘‧菩提道次第禪修方法》），又或依《兜率百尊》（註：已載於本書附頁部分）等儀軌代替。

如依《兜率百尊》儀軌進行，應先擇清靜之地方作關房，打掃乾淨，安設代表佛陀之身、語、意所依之佛壇及每天換上清淨供品。在上座後，先生起爲利眾生而欲求成佛之堅決心念，然後觀想佛陀或宗喀巴祖師在面前虛空，唸誦皈依偈及四無量心，再觀皈依境融入自己。然後開始誦正文，依次召請宗喀巴大師與其二心子臨前，對其祈請長住、禮拜、供養、懺罪、隨喜、請轉法輪及迴向，然後以曼達供養，再誦〈啓勝道門．歷代上師祈請文〉以祈請歷代祖師加持令證道次第教義，然後開始禪思當天欲修的章題。

在禪參之後，修誦〈宗喀巴讚〉，然後唸誦融入部分偈文，觀想面前祖師融入自己而住於自己心中，最後唸誦〈菩提道次第願文〉及其他迴向文，這樣便完成了一座禪修。在閉關中每天分爲幾座去修，每座爲一至四小時之間。在禪修閉關時，大家應依論中所述之先後次第，由「敬師」開始一個一個章題去參，要在參至心中的確對某一章題生起了覺受才參下一個章題，例如參思敬師之道若干月後，生起了堅決依止之覺受，便進而修「暇滿人身」，若干月後修至有覺受時再參生死無常⋯⋯

（註：於法師著作《心生歡喜．兜率淨土上師相應法門導修》中，有《兜率百尊》儀軌之詳盡導修開示）。

以上四句中的「吾子」也有特別的意思：狹義來說，「吾子」是指雅弘竹巴大師，因為《道之三主要》本來是宗喀巴祖師寄予雅弘竹巴的一封信函，開示的對象是雅弘竹巴。這稱呼表達了宗喀巴祖師對其心子雅弘竹巴的喜愛。在其他著作及信函中，宗喀巴大師鮮會這樣地稱呼其他的弟子。宗喀巴大師自幼出家，「吾子」是描述他與雅弘竹巴的師徒關係，並非指二者有世俗血緣父子關係。如果廣義來說，「吾子」亦泛指所有聽聞《道之三主要》而發心依宗喀巴大師所教修持的任何行者，這些人全都是大師心中的愛子。

跋文

在全論之正文後，另有一行跋文，其內容爲：

「上面所說乃由多聞比丘吉祥羅笙竹巴爲查柯弘布雅弘竹巴所作教誡。」

文中的「多聞比丘」意爲「廣學多聞的具足戒僧人」，「羅笙竹巴」(Lobsang Drakpa)是宗喀巴大師之藏文出家法名，其梵文爲Sumati Kirti，意思爲「善慧名稱」。「查柯」(Tsa Ko)爲地方名，亦即雅弘竹巴祖師之生地，也是衲的家鄉一帶，現在被稱爲四川省阿壩州馬爾康縣境，距成都市約四百公里。「弘布」(Wangpo)是一種尊稱，被用作生於貴族而出家者之身上。「雅弘竹巴」(Ngawang Drakpa)的意思是「語自在稱」。全個跋文的意思是：「這裡所說的內容乃由廣學多聞的比丘僧人善慧名稱(即宗喀巴)爲於查柯地區之首領家族中出生之僧人語自在稱

(即雅弘竹巴)所說的開示。」

雅弘竹巴生於公元十四世紀，其父爲地區的領袖。大師於年青時出家，不久後即薄有名氣，後往拉薩求法而遇上宗喀巴大師，盡得宗喀巴大師之顯密法要傳承，被宗喀巴大師賜號爲「大方丈」。雅弘竹巴是宗喀巴祖師之最初弟子之一，與另外三位祖師並稱爲「宗喀巴早期四徒」。在由宗喀巴倡辦之廣願大法會中，雅弘竹巴爲主要籌辦人之一員。同年，雅弘竹巴與宗喀巴師徒於拉薩大昭寺共同作齋戒閉關，其間宗喀巴祖師囑雅弘竹巴觀察夢境內容。雅弘竹巴夢見天上有兩隻白螺降下合而爲一，跌入了他的懷抱，他取螺向東方一吹，螺音震動了東方。

第二天，雅弘竹巴向宗喀巴大師報告夢境，大師便說：「這是預言你將回到你的故鄉——東方嘉絨地區(註：即成都以北，拉薩以東)廣弘正法，而且弘法事業將十分成功！」大師把自己的唸珠贈予雅弘竹巴，雅弘竹巴便發願說：「弟子爲報師恩，發誓必建成如同此串唸珠之珠數的寺院！」此後，雅弘竹巴果然回到他的家鄉，也即是衲的家鄉，又果然建成了一百又八間寺院，其中最大及最後的一間是衲所隸屬的大藏寺。

大藏寺大雄寶殿

在建造大藏寺前，雅弘竹巴選了兩塊佳地而猶豫不決，其中一塊地為現今寺院所在。有一天，他在草原山上遙望，心中正在盤算寺址選址的問題。這時候，有一隻大烏鴉飛來銜去了他手上的哈達（註：藏族常用的白色絲帶），飛至現在之大藏寺所在地上的一株柏樹，把哈達掛了在樹枝上。

雅弘竹巴走過去一看，見樹下有一大蟻穴，便認為這是意味著將來寺院興旺之意。雅弘竹巴沒把柏樹砍下，反而把其枝幹切去，以樹之主幹為柱而環繞建成大雄寶殿。所以，大藏寺之建寺選址是由一隻烏鴉決定的，牠是大藏寺護法六臂瑪哈卡那之化身。上述這根柏柱現在仍保存下來，大家仍可在大藏寺看得到它。

在選地後，雅弘竹巴又遇上了極多阻礙，例如在日間修建的牆，在第二天早上必已倒塌，這是由於當地之苯教（註：西藏本土的原始信仰）法師所施之邪術所致。雅弘竹巴正在苦惱之際，神秘的烏鴉又出現了，他便馬上著信繫於烏鴉的爪上，烏鴉便飛到當時遠在拉薩的宗喀巴大師跟前。這是十分神奇的事！你們西方人用白鴿傳信，雅弘竹巴卻用烏鴉傳信！而且路途更十分遠！由衲的家鄉往拉薩，要走很長時間，衲在當年由家鄉出發，步行往拉薩求學，一共用了六個月的時間！

宗喀巴大師收信後，便著成了〈怖畏金剛十三尊壇城儀軌〉及降伏障礙之密法，交烏鴉又帶回予雅弘竹巴。雅弘竹巴依照大師所示，修持密法除障，最後才建成寺院。大藏寺是雅弘竹巴發願建造的一百又八座寺院之最後一座。

有一個傳說是，大師於寺院竣工時如釋重負喊了一聲：「大藏！」這句藏語是「完成了！」的意思，自此這就成爲了寺院之名稱。大藏寺建成時爲公元一四一四年，比色拉寺、哲蚌寺、塔爾寺、扎什倫布寺及拉卜楞寺等都要早。

在寺院建造期間，有另一件奇妙的事：雅弘竹巴當時沒法找到造佛像的好工匠，在此時有三位黑人來寺求宿，雅弘竹巴便問及他們的家鄉及職業，黑人答曰擅造佛像及面具，大師便懇求他們幫忙建造佛像，但三人中只有一位留下了。在寺院開光的那一天，他把所有佛像都造完了，只餘一尊六臂瑪哈卡那護法像尚有一半未完工。

在開光慶祝典禮上，黑人帶了一個巨型護法面具，便跳起舞來，他越舞越快，最後面具跌在地上，人也不見了。雅弘竹巴心感有異，便領眾入護法殿察看，見護法像赫然已不知於何時造好了。大家都認爲黑人是護法之化現，所以寺院之佛

川北名剎大藏寺全景

像正是由這護法親手所建的，寺中之六臂像更被視爲是這護法的化現人身（即黑人工匠）親手所造及由祂融入其中而完成的。

這工匠曾說過：「但凡寺中僧人得到甚麼供養，我亦應得同樣的一份！」。故此，大藏寺有一個其他寺院中沒有的傳統，在有人來寺供僧時，領誦師會在供僧法會中站起來大聲提醒：「請勿忘供上『黑人』的那一分！」施主便會被領至護法殿前供上一分施予其他僧眾同樣及同量的供品。這位護法在大藏寺中，大家除了以一般寺院供養護法之傳統方法供養外，更把祂視爲僧眾的一分子！在有人問及寺院僧眾成員數目時，如果寺中有五百人，知客師便會答曰：「有五百又一人。」因為要把護法也算入去，這是大藏寺的獨特傳統。

雅弘竹巴所建之寺院中，有不少現今已不復存在了。大藏寺在全盛時期有八百五十僧人，僧舍有一百又八座，每一僧舍中都有全套《大藏經》。在幾十年前的變動中，僧舍多已被毀，但現今又已恢復了。這裡面又有一個很殊勝的故事：

在寺院之全盛期，有一位叫「卡華朱羅笙尼瑪格西」的大師，他預言：「這間大寺未來將被毀壞，後有由遠方而來的人重建，並更建成現在寺院所沒有的辯經院及將會擴建至有兩個大僧院。」當時寺院正值全盛時代，所以當然沒有人相信他的話。後來，寺院果然在一九五〇年代被毀。自一九九三年始，重建寺院之基金來自多個西方國家的華洋弟子，辯經院現在亦已建成了。看來預言已應驗了一大半！這位大師亦曾預言寺院將會有很多漢藏僧人共同修法，僧舍會建遍整個山頭，而且他還預言自己將會乘願再來，並於寺院後山建一僧舍而住。

雅弘竹巴在建成一百又八座寺院後，於晚年又建了一間小寺，叫做「茶谷寺」，約距大藏寺一百多公里。大師最後於此小寺圓寂，其聖身被供於塔內。在幾十年前，小寺及靈塔被毀，但大師的部分頭骨被搶救保存了下來。在一九八三年，當地又重建寺院及靈塔，把大師之部分頭骨重新入塔奉安，塔旁爲其親弟初志竹巴大師之靈塔。初志竹巴也是一位有學問及大修行的出家人，於其兄退位後曾任大藏寺的第二代方丈。

至於宗喀巴大師，相信大家都有一定認識，所以衲就不多講了（註：見法師著作《心生歡喜》及修慧法師著之《宗喀巴大師應化因緣集》等）。以上交代了《道之三主要》的人物背景。

《道之三主要》爲格律派重要論典之一，衲曾多次依根本恩師知眞仁寶哲（Trijang Rinpoche，亦譯作「赤江仁寶哲」）及其他大師處聽受。現在已圓滿講畢整部論著了，大家請好好修持所講的內容。聞法固然很好，但若只天天跑去聞法，卻不願依法修持，到頭來只會落得一事無成！

金剛持知真仁寶哲

附頁資料

皈依

行者皈依直至成正覺　佛陀正法以及聖僧眾
因作布施等諸修持故　願證佛境利普有情生

四無量心

願一切有情眾生能具足福樂與其因
願一切有情眾生能由苦及其因中解脫
願一切有情眾生與無憂樂境無所分離
願一切有情眾生住於平等心中無有愛瞋偏執

兜率百尊正文

兜率尊眾怙主心化現　遍智法王善慧名稱師
與弟子坐酪白雲端上　我今誠敬祈請降臨此
面前降臨獅座蓮與月　至尊上師歡顏坐其上
祈請長住百劫揚聖教　祈作弟子信心勝福田
上師智慧意念遍量知　法語飾嚴諸賢者之耳
名稱赫耀端嚴光明身　敬禮見聞思皆勝之尊
淨水鮮花燃香共明燈　塗香種種雲海諸供品
實設排備以及意觀者　我今誠奉殊勝功德田
凡從無始以來所積集　身語意作諸等不善業
更曾違悖三律儀戒誓　至心一一不善皆懺悔
於此濁世勤於聞與修　斷除八法盡取暇滿義
怙主所作廣大事業湧　弟子至心生起隨喜心

至尊上師法身虛空中　遍佈洶湧智慧悲心雲
祈請降澍廣妙法雨澤　依機賜予世間眾生土
願以此修與一切功德　利益所有眾生助法弘
顯明至尊善慧名稱師　所示佛法心要諸聖教

曼達供養

以花舖蓋塗香之大地　須彌四洲日月作飾嚴
觀想爲佛陀土作供養　願普有情受用清淨土
依登　古路　勒那　曼達那康　尼呀他呀咪

啓勝道門．歷代上師祈請文

具德根本上師仁寶哲　安坐於我額頂蓮月上
大恩大德慈悲垂攝持　祈請賜予身語意成就
無上導引師長薄伽梵　補處無可勝怙彌勒尊

佛所授記聖無著大師　佛與菩薩三尊誠祈請
閻浮勝賢頂莊嚴世親　證中觀道聖者解脫軍
住信解地尊者解脫軍　啓世間眼三尊誠祈請
所行希有神奇殊勝軍　以甚深道淨續調伏軍
廣行寶庫毘盧遮那師　眾生眷屬三尊誠祈請
廣弘慧度勝道獅子賢　盡持佛授口訣孤沙利
慈悲攝持眾生格哇贊　眾生導師三尊誠祈請
精持菩提心義金洲師　善承大乘教統阿底峽
顯妙道松頓巴仁寶哲　聖教正柱三尊誠祈請
辯才無倫導師釋迦頂　總攝一切佛智妙吉祥
觀甚深空性義聖龍樹　言教頂嚴三尊誠祈請
顯揚聖者密義月稱師　月稱所傳上首大智鵑
佛子第二智鵑大師足　正理自在三尊誠祈請
甚深緣起如實而觀察　善承大乘教統阿底峽

顯妙道松頓巴仁寶哲　莊嚴閻浮二尊誠祈請
瑜伽自在具德岡巴華　空性禪定堅固紐素巴
善持一切律藏德瑪巴　邊域燈炬三尊誠祈請
奮勵精勤修行虛空獅　眾上師所加持虛空王
斷捨世間八法獅子賢　及佛子賢足前誠祈請
菩提心鑒眾生如己子　本尊慈悲攝受垂加持
濁世引領眾生導師尊　虛空寶幢足前誠祈請
紹法王位尊師博朵華　智慧無有匹敵沙那華
分承菩提心性哲喀華　滿眾生願三尊誠祈請
教證權威哲布巴菩薩　教理自在無垢勝賢哲
三界眾生怙主仁寶哲　三大長老尊前誠祈請
善持清淨戒律桑青巴　戒律般若權威措納巴
精通如海對法蒙札巴　眾生導師三尊誠祈請
嫻熟精通深廣正法義　一切有福眾生所皈依

賢善事業廣弘聖教尊　具德上師足前誠祈請
大自在成就者戒律燃　如法依止知識青年光
以勝乘道淨續戒獅子　法王高足三尊誠祈請
持希有功德藏桑傑溫　眾上師所加持虛空王
斷捨世間八法獅子賢　及佛子賢足前誠祈請
菩提心鑒眾生如己子　本尊慈悲攝受垂加持
濁世引領眾生導師尊　虛空寶幢足前誠祈請
無緣大悲寶藏觀世音　無垢智慧之王妙吉祥
雪國聖賢頂嚴宗喀巴　善慧名稱足前誠祈請
自在成就聖者曼殊海　言教殊勝如日賢成善
善持耳傳教授跋梭哲　最勝上師三尊誠祈請
證得金剛持位法金剛　證成三身法王嚴撒巴
教證二法權威佛陀智　三大賢哲尊前誠祈請
持教尊者善慧法幢師　與其心傳弟子勝寶幢

顯揚善道聖者善慧智　三大至尊上師誠祈請
傳宏能仁法教語王慈　與其心傳弟子善慧譽
猶如大海無垠功德全　大恩上師三尊誠祈請
善慧法王教理善施演　一切輪迴眾生盡度脫
善慧智弘教尊與慧賢　無等上師三尊誠祈請
賢劫第四佛授教證法　以講以修持教無與倫
不共大恩根本上師尊　身語意門虔敬誠祈請
教法多聞意解慧增廣　雙鹿明聽二種次第行
所度有福眾生除冥日　持教智成足前誠祈請
三世眾生依怙所集身　善慧曼殊擅誦格言語
任運成就三學如海意　大恩化身尊前誠祈請
慈心戒律諸等聖財寶　善滿心續持教上首尊
四種事業遍滿大海衣　至尊上師之前誠祈請
語王善慧法藏持教杜　廣大法業幻化之海洋

統御三有威德力無匹　尊勝解脫聖者誠祈請
於佛教中有如佛第二　善持教證正法無與倫
尊勝法業統理三域者　至尊上師之前誠祈請
總集一切善慧法王智　清淨無垢持教上首尊
分集無量怙主善智海　大恩上師足前誠祈請
盡觀廣大無邊經論眼　解脫賢劫眾生勝津梁
慈愍爲導善巧方便具　宏法善知識眾誠祈請
願於具德上師之事行　不起剎那絲毫之邪見
凡見所作皆善起敬信　師之加持進入我心中

於此時禪思道次第法義，於參思後誦：

宗喀巴祖師讚

無緣大悲寶藏觀世音　無垢智慧之王妙吉祥
摧滅諸魔軍眾秘密主　雪國聖賢頂嚴宗喀巴

善慧名稱足前誠祈請　（意譯）

咪昧則威爹千堅里息　持昧千悲汪播蔣悲樣
讀崩瑪呂炯賊桑威達　扛堅企悲租堅宗喀巴
羅笙竹悲俠啦搜哇笛　（音譯）

觀想融入

至尊根本上師仁寶哲　請坐我頂月座及蓮臺
慈悲護持行者不退轉　賜予爾證三業諸加持
至尊根本上師仁寶哲　請坐我心月座及蓮臺
慈悲護持行者不退轉　賜予共與不共諸成就
至尊根本上師仁寶哲　請坐我心月座及蓮臺
慈悲護持行者不退轉　住於心蓮至我得證悟

菩提道次第願文

以我恆久精勤所積集　二種資糧量等同虛空
願爲無明有情諸眾生　成就佛陀世尊導引師
於未成佛前之一切生　得妙吉祥慈憫垂攝持
具足教法次第最勝道　願得修成以令諸佛喜
以我解悟道次第法要　以大悲心善巧作引導
願能淨除眾生意冥愚　護持佛陀教法於久遠
教法勝寶未遍揚之境　或已遍揚卻而衰墮地
願於彼處興起大悲心　顯示弘揚利樂之寶藏
佛菩薩眾諸種妙事業　最爲殊勝菩提道次第
饒益諸眾願得解脫者　世尊教法事業永流傳
成就修行等諸善道緣　淨除人與非人諸逆緣
佛陀所囑示之淨行道　生生世世願能不捨離

以十法行修此勝乘時　如理精進勤勉修持際
願護法眾恆常作護持　吉祥如海普及遍十方

迴向

如寶珍貴菩提心　未生出者願生出
已生出之菩提願　祈不退轉倍增長
以此功德願眾生　積聚圓滿福與慧
成就依福慧所生　一種神聖之身相
願於弘揚宗喀巴　法王正法理則際
止息障礙之徵兆　一切順緣悉圓滿
我及他人之三世　依止相屬二資已
祈願善慧名稱佛　教法永住盛增長

漢譯《道之三主要》諸家釋義一覽

《成覺之道》①

宗座慧洋大師講授・羅桑嘉措編譯／黃啓霖譯

西藏兒童之家／時報文化　分別出版

《聖道三要教授・一切經典心要——利他精髓》②

第四世班禪大師著・翁仕杰譯

慧炬出版社　出版

《三主要道筆記・密鑰》③

貢唐絳貝央著・仁欽曲札譯

經續法林／佛教慈慧服務中心　分別出版

《三主要道甚深引導筆記・開妙道門》③

柏絪喀大師講授・仁欽曲札譯

經續法林／佛教慈慧服務中心　分別出版

《三主要道頌講錄摘譯》④
柏繃喀大師講授・苾芻潭影譯
佛教慈慧服務中心　出版

《三主要道根本頌詞義釋》⑤
摩覺仁寶哲著・仁欽曲札譯
經續法林　出版

《佛法三根本要義通俗解說》⑥
多識仁寶哲著
甘肅民族出版社　出版

《甘露心華・道之三主要釋義》
大藏寺祈竹仁寶哲講授・林聰譯
大藏寺基金會　出版

註：歷代藏地大師對《道之三主要》一論所作釋義著作多不勝數，此處只列曾被譯爲漢文而廣泛流通之數種。

①載於《慈悲與智見》及《圓滿的愛》二書中。二書爲同一英文講授筆記之異譯，分別由西藏兒童之家及時報文化出版事業有限公司出版，英文原書名Kindness, Insight & Clarity，由Wisdom Publications出版。

②載於《綻放心中的蓮花》一書中。

③同論分別載於經續法林出版之《三主要道甚深引導筆記・開妙道門》及由佛教慈慧服務中心出版之《三主要道教授選譯》。

④載於《三主要道教授選譯》一書中。

⑤載於《三主要道甚深引導筆記・開妙道門》一書中。

⑥載於《愛心中爆發的智慧》一書中。

國際佛教聯盟

網址：http://www.b-i-a.net

國際佛教聯盟是一個非牟利的世界性佛教組織，由大藏寺法台祈竹仁寶哲之各地弟子創立。

國際佛教聯盟致力於在世界各地推廣正信佛教及心靈文化、提供僧伽教育、修建佛教寺院及佛學院、設立推行扶貧賑災及助學計劃、提供免費或低收費之貧民醫療服務，並出版推弘正法及與佛教有關之書籍。

國際佛教聯盟之根本寺院：

四川大藏寺

四川霞渡寺

國際佛教聯盟轄下屬會：

大藏寺基金會

色拉寺佛教大學祈竹樓
大藏寺佛心堂免費診療所
佛教顯密研修院（雪梨）
佛教顯密研修院（布里斯本）
佛教顯密研修院（柏斯）
佛教顯密研修院（露莎）
佛教顯密研修院（藍山）
佛教顯密研修院（達爾文）
佛教顯密研修院（新加坡）
佛教顯密研修院（溫哥華）
佛教顯密研修院（卡加里）
佛教顯密研修院（台北）
佛教顯密研修院（香港）

佛教顯密研修院（香港）

北角英皇道三七七號成明閣七字樓　查詢：9379 5735 傳眞：2591 6389

佛教顯密研修院香港分院爲國際佛教聯盟轄下屬會，由祈竹仁寶哲及其香港弟子於一九九五年創立，傳承依循格律派宗喀巴祖師法流，以四川大藏寺爲根本寺院。研修院定期舉行免費佛學講座、同修法會及興趣小組，並定期恭請大藏寺法台祈竹仁寶哲及其他高僧大德來港弘法開示。

如果您有興趣進一步得到本院活動及祈竹仁寶哲來港開示之資訊，請將以英文塡寫之姓名、電話、傳眞及地址寄往院址，本院將會寄奉逢單月印行之院訊。

大藏寺基金會

北角英皇道三七七號成明閣七字樓　查詢：9379 5735 傳眞：2591 6389

大藏寺基金會是國際佛教聯盟轄下之慈善團體之一，於一九九七年在香港註冊爲非牟利免稅團體（稅務局檔案號碼：91/4950）。本會之成立目的爲推廣心靈文化、重建國內失修之寺院、建立完整之僧伽教育、在國內之邊遠地區推行扶貧賑災及助學計劃、提供免費或低收費之邊遠地區醫療服務，並出版佛法及與佛教文化有關之書籍。

本會出版部一向重視所印書籍之內容及質素。如果您對這本書有任何意見，或發現有錯字情況，祈請把建議塡於後列表格惠寄本會出版部，本會將於再版時更正，謹此鳴謝。

大藏寺佛心堂免費診療所　大藏寺基金會慈善項目

在內地的邊遠山區，有不少人居住於貧困而缺乏最基本診療設施之村落中。在患病時，他們往往要站在烈日當空的公路旁等待每天只一班次的公車，經數小時的顛簸車程到達縣城，再付上他們難以負擔的醫藥費，又再花上另一天的時間才能回到所居村落。在這裏，每年有很多人，因爲沒有及時得到最基本的治療，病情越拖越重，甚至失去寶貴的生命！

大藏寺基金會慈善項目——佛心堂免費診療服務——正在致力於在貧困山區中開設免費診所，爲四川阿壩藏族羌族自治州的山區居民提供基本的診治及藥物。

佛心堂現有（一九九九年十月）一間免費藏醫診所，並計畫於州內陸續開辦多間位於山區內的小型診所及流動診療車，提供免費藏醫及西醫診療施藥服務予有需要的村落，同時亦資助培訓西藏傳統醫學師。

居住在富裕地區的人，吃一頓飯所花的錢，或許就足以支付幾十位病人的醫藥所需！本會邀請您長期支持佛心堂免費診療服務，令有需要的病者得到適當的診治及關懷。

國家圖書館出版品預行編目資料

甘露心華：《道之三主要》釋義 / 祈竹仁寶哲著. --
初版. -- 新北市：華夏出版有限公司, 2024.09
面；　公分. --（祈竹仁寶哲作品集；003）
ISBN 978-626-7393-56-7（平裝）
1.CST：藏傳佛教 2.CST：注釋 3.CST：佛教說法

226.962　　113004749

祈竹仁寶哲作品集 003
甘露心華：《道之三主要》釋義

著　作　大藏寺 祈竹仁寶哲
出　版　華夏出版有限公司
220 新北市板橋區縣民大道 3 段 93 巷 30 弄 25 號 1 樓
電話：02-32343788　傳真：02-22234544
E-mail：pftwsdom@ms7.hinet.net
印　刷　百通科技股份有限公司
電話：02-86926066 傳真：02-86926016
總 經 銷　貿騰發賣股份有限公司
新北市 235 中和區立德街 136 號 6 樓
電話：02-82275988　傳真：02-82275989
網址：www.namode.com
版　次　2024 年 9 月初版一刷
特　價　新臺幣 250 元（缺頁或破損的書，請寄回更換）

ISBN-13：978-626-7393-56-7